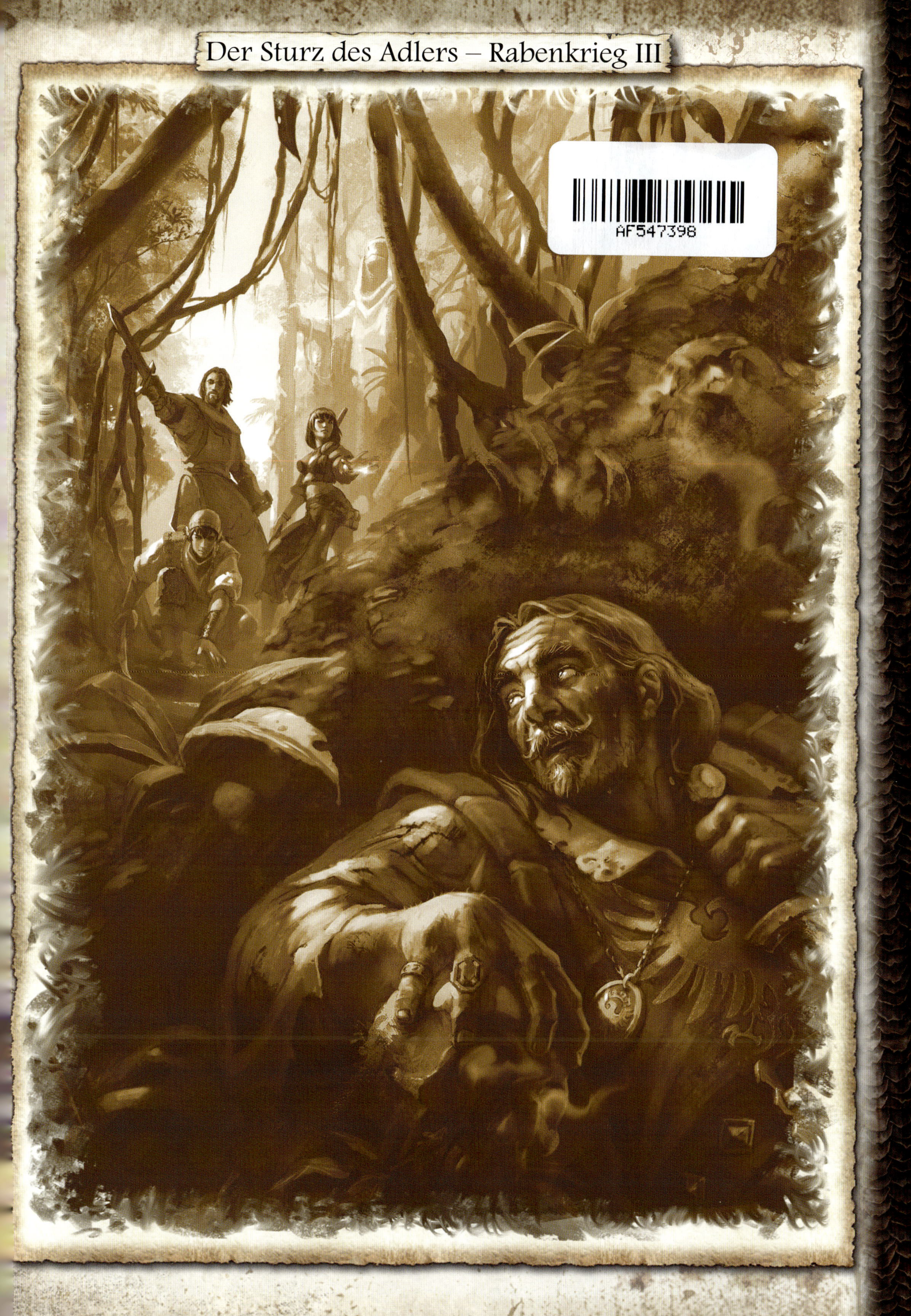
Der Sturz des Adlers – Rabenkrieg III
AF547398

IMPRESSUM

Verlagsleitung
Markus Plötz

Redaktion
Nikolai Hoch, Johannes Kaub

Regelredaktion
Alex Spohr

Autoren
Armin Abele, David Schmidt

Lektorat
Frauke Forster

Korrektorat
Frederic Mühleck

Künstlerische Leitung
Nadine Schäkel

Coverbild
Marcus Koch

Satz, Layout & Gestaltung
Thomas Michalski, Nadine Hoffmann

Layoutdesign
Thomas Michalski, Nadine Schäkel, Patrick Soeder

Innenillustrationen & Pläne
Steffen Brand, Florian Haeckh, Regina Kallasch, Marcus Koch, Diana Rahfoth, Wiebke Scholz, Elif Siebenpfeiffer, Stefan Wacker, Michael Witmann

Mitarbeiter:innen Ulisses Spiele
Administration Christian Elsässer, Carsten Moos, Sven Paff, Stefanie Peuser, Marlies Plötz **Marketing** Jens Ballerstädt, Philipp Jerulank, Derya Öcalan, Katharina Wagner **Verlag** Zoe Adamietz, Jörn Aust, Mirko Bader, Steffen Brand, Simon Burandt, Christiane Ebrecht, Frauke Forster, Christof Grobelski, Kai Großkordt, Nikolai Hoch, Nadine Hoffmann, Johannes Kaub, Arne Frederic Kunz, Matthias Lück, Benedict Marko, Thomas Michalski, Jasmin Neitzel, Markus Plötz, Diana Rahfoth, Nadine Schäkel, Maik Schmidt, Ulrich-Alexander Schmidt, Nils Schürmann, Alex Spohr, Jens Ullrich, Jan **Verlag USA** Robert Adducci, Bill Bridges, Timothy Brown, Darrell Hayhurst, Eric Simon, Ross Watson **Vertrieb** Florian Hering, Jan Hulverscheidt, Saskia Steltner, Stefan Tannert, Sven Timm, Anke Zimmermann

Damit unsere Texte flüssig zu lesen sind, verzichten wir darauf, in jedem Textabschnitt alle Geschlechtsformen zu erwähnen. Aventurien ist ein Kontinent der Vielfalt, in dem sowohl Männer, Frauen als auch alle anderen Geschlechter Teil des Alltags sind. Wir bemühen uns deshalb, geschlechtsspezifische Ausdrücke zu mischen, damit diese Vielfalt nicht vergessen wird. Wann immer du also bei allgemeinen Aussagen eine bestimmte Geschlechtsform liest, kannst du diese durch jede andere ersetzen. In den Fällen, in denen das Geschlecht entscheidend ist, wird dies im Text gesondert ausformuliert.

Printed in EU 2020

Mit Dank an Andreas Busse, Anja Jäcke, Johannes Kurzweil, Sonja Schmidt, Heike Wolf und alle Probespieler, sowie an Patrick Davis als Sensitivity Reader.

Vielen Dank an alle Mitgestalter:innen von Aventurien.

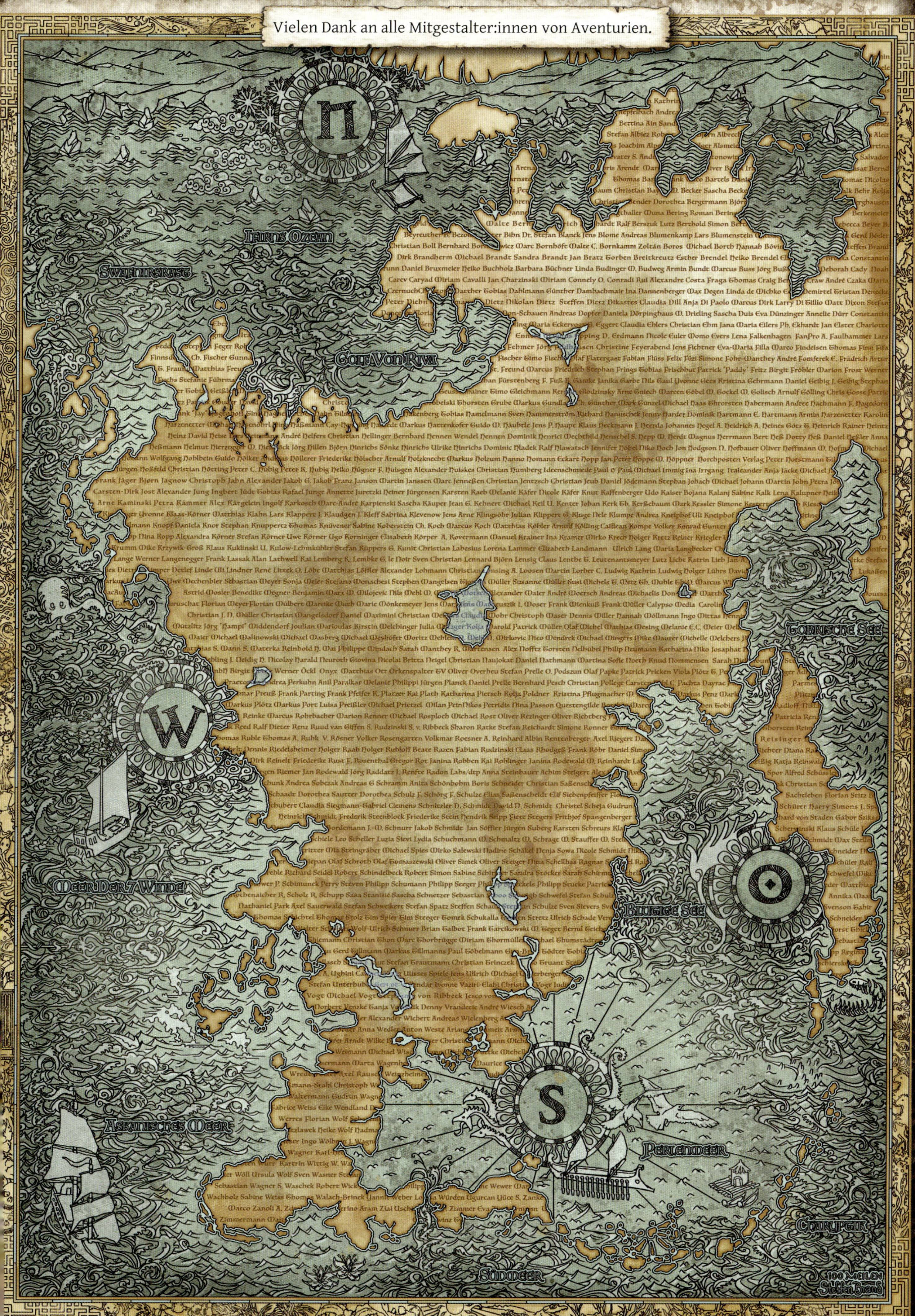

Inhaltsverzeichnis

Wenn du eine bestimmte Szene für die Helden leichter machen möchtest, dann kannst du die Vorschläge dieses Abschnittes übernehmen.

Wenn du eine bestimmte Szene für die Helden schwerer machen möchtest, dann kannst du die Vorschläge dieses Abschnittes übernehmen.

- *Meisterinformationen:* Die Angaben im Abenteuer sind Meisterinformationen, die den Helden nicht sofort zugänglich sind oder sogar ausschließlich als Hintergrundinformationen für den Spielleiter gedacht sind.•
- *NSC-Wertekästen:* Die angegebenen Werte bei Meisterpersonen beinhalten alle spielrelevanten Informationen, sind aber dennoch nicht unbedingt vollständig. Insbesondere bei NSCs mit einer großen Anzahl verschiedener Fertigkeiten, also vor allem bei Zauberern und Geweihten, werden auch Fertigkeitswerte, die von 0 abweichen, ebenso wie manche Sonderfertigkeiten nicht immer vollständig angegeben, wenn sie für das Spiel irrelevant sind.
- *Vorlesetexte:* Diese Texte kannst du deinen Spielern am Spieltisch vorlesen. Sie enthalten keine Meisterinformationen.

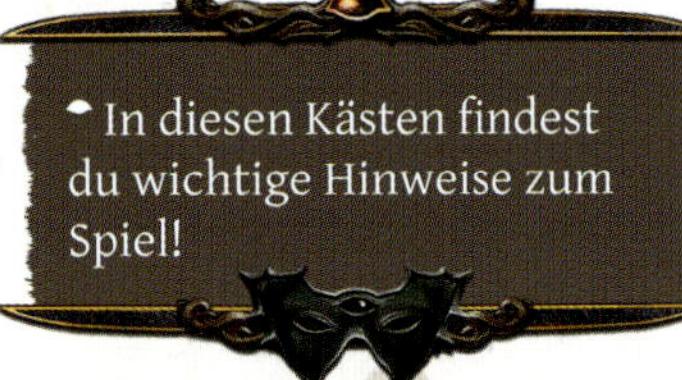

• In diesen Kästen findest du wichtige Hinweise zum Spiel!

- *Gerüchte:* Wenn Helden Informationen sammeln, hören sie gelegentlich Klatsch und Tratsch. Gerüchte sind entweder mit + (wahr), mit – (falsch) oder mit +/– (teilweise wahr, teilweise falsch) gekennzeichnet.
- *Erweiterungsregeln:* Wenn ihr mit Erweiterungsregeln spielt, findest du an einigen Stellen Seitenverweise auf andere Bücher, damit du einfacher nachschlagen kannst. Dabei ist das Bandkürzel nach dem Regelelement hochgestellt, wie z. B. bei der Sonderfertigkeit Klinge drehen[AKOII128].
  AKO – Aventurisches Kompendium
  AKOII – Aventurisches Kompendium II

☸ Personen mit diesem Symbol sind vor Beginn des Abenteuers bereits tot.

Qualität, Preise, Schlafplätze (Q/P/S):
Schlafplätze werden nur genannt, wenn sie Fremden offenstehen, meist gegen Geld. Qualität und Preis bemessen sich auf einer Skala von 1 bis 6:

Qualität und Preis

Stufe	Qualität	Preis
1	jämmerliche Bruchbude	sehr billig (50 % der Normalpreise)
2	dreckige Spelunke	billig (75 % der Normalpreise)
3	einfache Herberge	normal (Normalpreise)
4	gutbürgerliches Gasthaus	teuer (150 % der Normalpreise)
5	exquisites Hotel	sehr teuer (200 % der Normalpreise)
6	luxuriöse Unterkunft	horrend (400 % der Normalpreise)

Währungsrechner
Außerhalb allgemeiner Wertekästen sind Geldbeträge in Landeswährung angegeben. Mittelreichische Münzen werden in großen Teilen von Al'Anfanern akzeptiert.

Al'Anfa	Mittelreich	Wert in Silbertalern
Dublone	2 Dukaten	20
Oreal	1 Silbertaler	1
Kleiner Oreal	5 Heller	0,5
Dirham	Kreuzer	0,01

EINLEITUNG

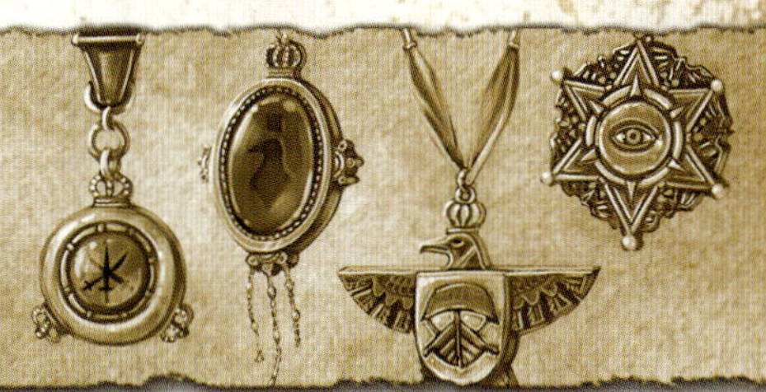

»Geheime Attentäter, die hinter den feindlichen Linien operieren? Verzeiht, wenn ich mich amüsiert zeige, aber da seid Ihr wirklich einem abenteuerlichen Gerücht aufgesessen, mein Freund. Ein solches Gebaren mögen vielleicht die Bewohner der Giftinsel Maraskan aufweisen oder meinetwegen die Horasier. In Al'Anfa aber halten wir nicht viel von derartigen Methoden. Warum sollten wir so etwas auch tun? Die Befreiung des Kemi-Reiches geht gut voran und die Bewohner sind voll der Dankbarkeit, endlich von der Knute der tyrannischen Königin Ela erlöst zu werden.«
—Decius Paligan, Curator Vendo, im Gespräch mit einem Korrespondenten des Aventurischen Boten, Hesinde 1042 BF

»Die gesamte Invasion steht und fällt mit Oderin du Metuant. Wenn es uns gelingt, den Schwarzen General auszuschalten, werden sich seine Untergebenen im Kampf um die Nachfolge gegenseitig zerfleischen. Danach wäre es für uns ein Leichtes, diese täppischen Kemi dazu zu bringen, die verfluchten Al'Anfaner zurück ins Meer zu treiben, auf dass sie allesamt elendig ersaufen.«
—Mariano ya Strozza, horasischer Gesandter im Kemi-Reich, zu einem seiner Vertrauten, Boron 1042 BF

»Zügele deinen Zorn. Was geschehen ist, können wir nicht rückgängig machen. Ja, diese Rabenkrallen sind lästig, aber letztlich sind sie unbedeutend. Bald schon wird sich niemand mehr an sie oder ihre Taten erinnern. Gerade jetzt bietet sich uns eine Gelegenheit, sie nicht nur loszuwerden, sondern dabei auch ihren Anführer als gänzlich unfähig bei der Auswahl seiner Spezialisten erscheinen zu lassen. Vertrau mir, der Moment ist günstig. Schick deine besten Leute und versprich ihnen eine fürstliche Belohnung, falls sie erfolgreich sind.«
—Odilo Kugres-Estrazar, Hüter der Nacht, zu seiner Mitverschwörerin Marvana Zornbrecht, Boron 1042 BF

Dem Meister zum Geleit

Willkommen im tiefen Süden Aventuriens! Du hältst gerade ein Abenteuer der 5. Edition des traditionsreichen Fantasy-Rollenspiels **Das Schwarze Auge** in den Händen.
Der Sturz des Adlers ist das dritte von sechs Abenteuern der Kampagne um den **Rabenkrieg**, einen militärischen Konflikt, der mit der al'anfanischen Invasion in Kemi beginnt und weitreichende Auswirkungen auf die gesamte Region haben wird. Zwar bauen die Abenteuer aufeinander auf, es ist jedoch ausdrücklich möglich, jedes der Abenteuer unabhängig voneinander zu spielen und, mit ein paar Umbauten, auch einzelne Abenteuer auszulassen. Zur besseren Übersicht werden Elemente, die für die Kampagne wichtig sind und welche für die Umsetzung als Einzelabenteuer gegebenenfalls angepasst werden sollten, mit dem folgenden Symbol gekennzeichnet:
Viele dieser Elemente werden in mehreren Abenteuern auftauchen, und es lohnt sich, festzuhalten, welche Entscheidungen deine Helden bei diesen Begegnungen und Ereignissen getroffen haben. Der Moment, in dem solche Entscheidungen spürbare Konsequenzen für den Spielverlauf haben, wird von deinen Spielern als besonderer Erfolg empfunden werden, denn ihre Helden haben den Ausgang der Geschichte maßgeblich beeinflusst.
Mit Figuren wie zum Beispiel dem Granden *Said Bonareth* und dem Seeoffizier *Diago Delazar* bekommst du zudem Charaktere an die Hand, welche den Helden während der Kampagne immer wieder begegnen werden. Gleiches gilt für die Generalin *Marvana Zornbrecht* und den Borongeweihten *Odilo Kugres-Estrazar*, die als offene beziehungsweise heimliche Antagonisten der Helden wichtige Figuren der Handlung sind.
Du findest alle zum Spielen des Abenteuers relevanten Informationen in diesem Band. Weitere Hintergrundinformationen zur Region, die als Schauplatz dient, ihrem Flair und ihren Bewohnern kannst du im **Aventurischen Almanach** nachlesen.

Hintergrund der Kampagne

In dieser Kampagne erleben die Helden als Teil einer militärischen Spezialeinheit, der *Rabenkrallen*, auf Seiten des al'anfanischen Imperiums den Krieg gegen das Káhet Ni Kemi. Al'Anfa unterstützt den Thronanspruch von Prinzessin *Rhônda IX. Setepen*, der abtrünnigen Schwester von Nisut *Ela XV. Setepen*, die bereits seit Jahren vergeblich nach der Krone strebt. *Oderin du Metuant*, der Herrscher Al'Anfas, plant Rhônda nach dem erfolgreichen Ende des Feldzuges als Klientelkönigin einzusetzen, sodass das Imperium de facto die Herrschaft über das Kemi-Reich ausüben kann.
Neben den Al'Anfanern, den Kemi, die Nisut Ela die Treue halten, und den Anhängern Rhôndas, ist als vierte Partei das Horasreich an dem Konflikt beteiligt. Die Horasier sind einerseits langjährige Verbündete der Kemi, legen anderseits aber auch hohen Wert auf die Wahrung ihrer eigenen Interessen in Meridiana.
Zwar sind der Ausgang des Krieges, die Eroberung des Kemi-Reiches durch Al'Anfa und die Installation einer Mirhamionettenregierung im offiziellen Aventurien festgelegt, die Helden können aber durch ihre Entscheidungen maßgeblich mitbestimmen, wie gewisse Ereignisse verlaufen. Sie können die Invasion nicht nur miterleben, sondern an Schlüsselstellen selbst vorantreiben oder sabotieren und damit beeinflussen, welche langfristigen

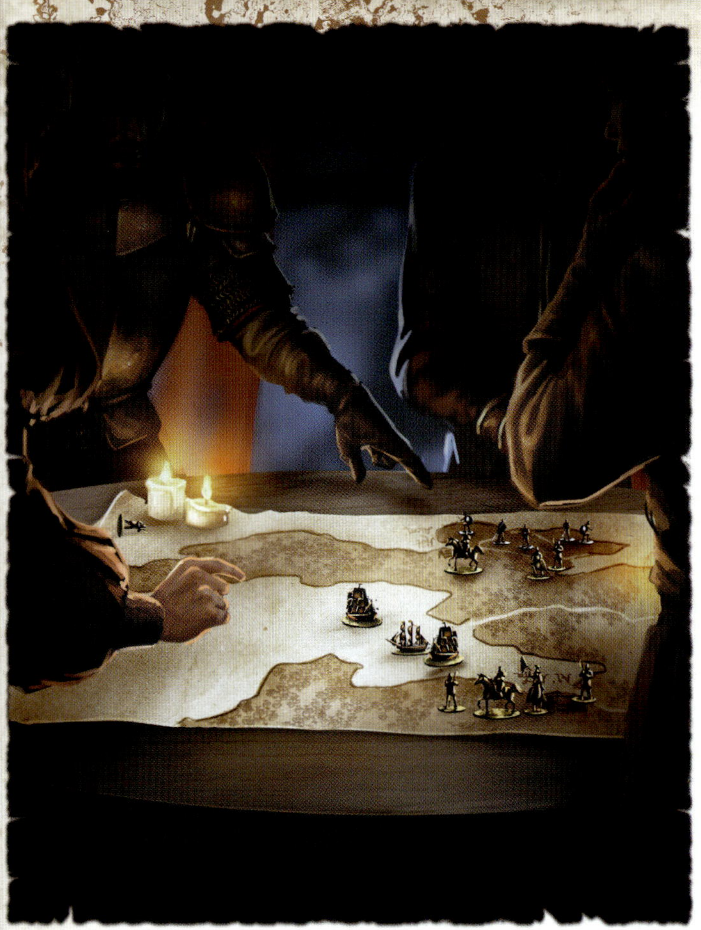

politischen Folgen sich, auch über den Konflikt hinaus, ergeben. Es ist daher auch möglich, die Kampagne mit einer Gruppe zu spielen, die (insgeheim) auf Seiten der Gegenspieler des Imperiums steht und an entscheidenden Stellen versucht, die Pläne Al'Anfas zu unterwandern.•

Insgesamt besteht die Kampagne aus sechs Bänden und kann am Rande mit kleineren Szenarien weiter ausgebaut werden. Als Teil der *Rabenkrallen* führen die Helden darin verschiedene Missionen aus, die den Verlauf des Krieges maßgeblich beeinflussen.

Der zentrale, **vordergründige Strang** der Kampagne dreht sich um den Feldzug und die Rolle, welche die Kämpfer der Spezialeinheit dabei spielen. Dies beginnt mit der Landung an der Nordküste von Kemi, wo die Helden in Qinsay die Hafenverteidigung sabotieren, um der al'anfanischen Streitmacht ein schnelles Anlanden zu ermöglichen. Von dort aus führt ihr Weg in den tiefen Dschungel und dann weiter in die Teerminen im Westen Kemis. Nachdem sie bei Mehat an der entscheidenden Schlacht des Krieges teilnehmen, reisen sie nach Hôt-Alem, wo es gilt, hinter den Kulissen eine wichtige Einigung zu erreichen und schließlich weiter zur großen Tempelfestung von Laguana, mit deren Eroberung der Konflikt sein Ende findet. Die Helden steigen während des Feldzuges nicht nur im Ansehen, sondern auch in Rang und Einfluss auf und werden dementsprechend mit immer wichtigeren Aufträgen betraut.

• Vorbereitungsaufwand und Anspruch der Abenteuer erhöhen sich in diesem Fall, da die Helden nahezu alle Aufgaben erledigen können bzw. müssen, die auch eine al'anfanische Gruppe verfolgt. Darüber hinaus haben sie zusätzliche Aufträge zu bewältigen und müssen stets darauf achten, ihre Tarnung aufrechtzuerhalten.

Weniger offensichtlich verläuft ein zweiter, hintergründiger Strang, der die Intrige einer Verschwörergruppe zum Thema hat. Im Laufe der Kampagne stoßen die Helden auf mehr und mehr Hinweise. Die Verschwörer versuchen, hinter den Kulissen Einfluss zu nehmen und den Feldzug zu nutzen, um ihren eigenen Machthunger zu stillen.

Einen Überblick zur zeitlichen Einordnung des Abenteuers findest du in der **Zeittafel** im Anhang dieses Abenteuerbandes.

Abweichende zeitliche Verortung des Abenteuers

In der offiziellen Aventurischen Geschichtsschreibung nimmt der Rabenkrieg im Boron 1042 BF mit der Landung al'anfanischer Truppen seinen Anfang und endet mit der Eroberung der Tempelfestung von Laguana. Da es in der Region kaum Unterschiede zwischen den Jahreszeiten gibt, ist auch eine andere zeitliche Verortung der Kampagne möglich, ohne dass eine größere Umgestaltung der Abenteuer erforderlich ist. Bei einer Verschiebung um mehrere Jahre in die Vergangenheit oder in die Zukunft ist jedoch zu berücksichtigen, dass auf einige politische Verstrickungen in der Region wie auch im Horasreich Bezug genommen wird und die Folgen des Krieges nachhaltige Auswirkungen auf das Machtgefüge in Meridiana, insbesondere das Gleichgewicht zwischen Goldener und Schwarzer Allianz, haben.

Verschwörer und ihre Pläne

Neben Kemi-Soldaten, Waldmenschen, Achaz und allerlei Getier müssen sich die Helden im Verlauf der Kampagne auch mit Feinden in den eigenen Reihen herumschlagen. *Emilia Bonareth*, das Oberhaupt ihrer Grandenfamilie, entkam durch geschicktes Leugnen und sorgfältiges Verwischen der Spuren den Nachstellungen im Nachgang der Rabenbund-Verschwörung. Voller Zorn brennt sie nun darauf, sich an Oderin du Metuant dafür zu rächen, dass er die Rechte des Emporkömmlings Said auf Zugehörigkeit zum Haus Bonareth anerkannt hat. Emilia will beide, Said und Oderin, tot sehen. Deshalb hat sie sich mit zwei unzufriedenen Grandensprösslingen zusammengetan: Generalin Marvana Zornbrecht (siehe **Die Zähne des Kaimans** Seite **24**), eine mäßige Heerführerin, die sich selbst aber als brillant betrachtet und sich von Oderin völlig unter Wert geschätzt fühlt, sowie den Borongeweihten Odilo Kugres-Estrazar (siehe **Die Zähne des Kaimans** Seite **25**). Der verschlagene Intrigant und ehemalige Vertraute des exekutierten Verschwörers *Brotos Paligan* steigt im Laufe der Kampagne immer weiter in Oderins Gunst auf. Über lange Zeit tritt er als ein scheinbar verlässlicher Verbündeter der Helden auf. In Wahrheit plant er jedoch den Feldzug zu nutzen, um die Rabenbund-Verschwörung doch noch zu ihrem Ziel zu führen.

Die Verschwörer und die Helden
Die Helden kommen dem Komplott nach und nach auf die Schliche und finden immer mehr Hinweise, bis sie, im finalen Abenteuer der Kampagne, die Verschwörer entlarven können. Dieser Handlungsstrang ist weitgehend ergebnisoffen, das heißt, es steht den Helden frei, wie sie mit den Verschwörern umgehen. Dies gilt auch für Helden, welche die Kampagne im Auftrag des Horasreiches bestreiten. Berichten sie nach den ersten Hinweisen von ihren Erkenntnissen, erhalten sie den Befehl, möglichst viel über die Verschwörung herauszufinden sowie die Namen der Beteiligten in Erfahrung zu bringen.
Die an dem Komplott beteiligten Figuren werden im offiziellen Aventurien nicht weiter aufgegriffen, ihr Schicksal liegt in der Hand der Helden. Die Erkenntnisse, die die Helden in Hinblick auf diesen hintergründigen Erzählstrang gewinnen können, sind mit dem folgenden Symbol gekennzeichnet:
Bisher können die Helden allenfalls ahnen, dass Marvana Zornbrecht über ein Netzwerk aus Verbündeten verfügt und diese möglicherweise an der Umsetzung eines größeren Planes arbeiten. Sie wissen jedoch weder, wer diese Verschwörer im Einzelnen sind, noch welche Ziele sie verfolgen. Im Laufe dieses Abenteuers können sie einige weitere Mosaiksteine entdecken, die ihnen in den folgenden Teilen der Kampagne dabei helfen werden, das gesamte Ausmaß der Intrige zu erkennen und die Pläne der Verschwörer zu durchkreuzen.
Der Borongeweihte Odilo Kugres-Estrazar nutzt den Umstand, dass er in Oderins persönlichen Beraterstab berufen wurde, um seine Leute für einen entscheidenden Schlag gegen den Schwarzen General in Stellung zu bringen. Durch den Auftrag, den die Helden erhalten, sieht er eine Gelegenheit, seine Verbündete Marvana Zornbrecht zu rehabilitieren. Die Generalin ist nach der Niederlage von Trus bei Oderin in Ungnade gefallen und sinnt darauf, sich zu rächen. Gelänge es aber ihren Leuten, bei der Jagd nach dem horasischen Gesandten Erfolg zu haben, während die Helden scheitern, hätte sie einen sichtbaren Erfolg vorzuweisen. Die Generalin sendet daher einige ebenso erfahrene wie skrupellose Gefolgsleute aus, um einerseits den Kopf des Gesandten zu beschaffen und andererseits die Mission der Helden zu sabotieren oder diese, wenn möglich, sogar zu töten. Ein Versagen der *Rabenkrallen* würde nicht nur diesen schaden, sondern zugleich auch negativ auf deren Anführer Said Bonareth zurückfallen und damit den Verschwörern doppelt nützen.

Die Einzelabenteuer
In **Die Zähne des Kaimans**, dem ersten Abenteuer der Kampagne, ist der mittlere Teil der al'anfanischen Invasionsstreitmacht in Qinsay an der Nordküste des Kemi-Reiches gelandet und hat Stadt und Hafen unter seine Kontrolle gebracht. Parallel haben auch in Kolchis im Westen und in Yleha im Osten erfolgreiche Landungen stattgefunden.
In **Der Biss der Spinne** sind die Helden als Kundschafter an der Spitze des mittleren Invasionskeils nach Süden vorgedrungen, mussten aber miterleben, wie ihre Streitmacht durch die Fehlentscheidungen der Generalin Marvana Zornbrecht eine blutige Niederlage erlitten hat. Nach einem kräftezehrenden Marsch quer durch den Dschungel gelangten sie nach Yleha, wo sie Oderin du Metuant, dem al'anfanischen Oberbefehlshaber, von den Taten der Generalin berichteten.
Im vorliegenden dritten Abenteuer werden die Helden Zeugen eines Attentats auf Oderin du Metuant und seine Berater. Durch ihr beherztes Eingreifen können sie ihren Mut unter Beweis stellen. In geheimer Mission werden sie vom Schwarzen General ausgesandt, um *Mariano Demian ya Strozza* (siehe Seite **48**), den horasischen Gesandten im Kemi-Reich und Urheber des Anschlags, aufzuspüren und zur Rechenschaft zu ziehen. Ein Schiff bringt sie nach Kolchis, von wo aus sie hinter die feindlichen Linien schleichen.
Ihre Spurensuche führt sie zunächst nach Teernberg, wo Pech, ein wichtiger Rohstoff für Schiffsbau und Seekriegsführung, gewonnen wird. Von dort aus folgen sie der Fährte des Gesuchten in das Piratennest San Torin und erfahren, dass sie nicht die Einzigen sind, die Jagd auf Mariano machen.
Einholen können sie den Gesuchten schließlich in der Achaz-Stadt Zraah, wo Menschen nur wenig mehr gelten als wilde Tiere. Unter erschwerten Bedingungen stehen sie dort Mariano ya Strozza, aber auch den konkurrierenden Verfolgergruppen gegenüber und müssen sich entscheiden, ob sie eine unsichere Allianz eingehen, um ihr Ziel zu erreichen.

Geeignete Helden
Die Kampagne spielt in Meridiana und dementsprechend sind Helden aus dieser Region besonders geeignet, insbesondere dann, wenn sie patriotische Gefühle für die Schwarze Allianz (oder deren Gegenspieler) hegen und ein Interesse daran haben, für den Erfolg ihrer Heimatnation zu kämpfen. Zentrales Thema der Handlung ist der namensgebende Rabenkrieg und an vielen Stellen sind ein starker Schwertarm und Mut im Kampf von Nutzen. Söldner, Soldaten und viele andere Kämpferprofessionen können mit ihren Fähigkeiten glänzen. Weiterhin sind bei den Missionen Kenntnisse im heimlichen Eindringen, Schleichen und Öffnen von Schlössern und Riegeln von Vorteil, bei der Infiltration feindlicher Siedlungen und Militärposten auch das Wissen um den geschickten Einsatz von List und Täuschung. Gleiches gilt für Fähigkeiten im Bereich Informationsbeschaffung, Verhandlung und Verhör. Diese ermöglichen es, dass selbst Abenteurer, die nicht über den besten Ruf verfügen oder bereits einmal mit dem Gesetz in Konflikt geraten sind, ihren Weg in die Reihen der *Rabenkrallen* finden können. Allerdings sollten auch solche Helden eine gewisse Widerstandsfähigkeit mitbringen, da auch sie der handfesten Seite des Krieges kaum aus dem Weg werden gehen können.
Auf den Märschen und Erkundungsmissionen durch den dichten Dschungel bieten sich für wildniskundige

Der Krieg und die Moral
Eine Besonderheit der Rabenkrieg-Kampagne besteht darin, dass die Helden eine Invasion und einen anschließenden Eroberungsfeldzug auf Seiten der Aggressoren erleben. Das beschriebene Kriegsszenario soll weder beschönigt noch romantisch verklärt werden. Die Hauptmotivation für die meisten Soldaten und Söldner in Diensten Al'Anfas ist Gehorsam und die Aussicht auf reiche Beute, nicht der Wille, Gutes zu tun. Hinzu kommen bewusst genährter Patriotismus und das Dogma des al'anfanischen Boronglaubens – Motive, die auf Seiten der Spieler leicht einen schalen Beigeschmack hinterlassen können. Hier kann ein klärendes Gespräch innerhalb der Gruppe sinnvoll sein, um gemeinsam mit deinen Spielern zu besprechen, wie düster und realistisch ihr die Kampagne ausgestalten wollt.
Im Verlauf der Handlung werden die Helden an verschiedenen Stellen mit Gewissenskonflikten konfrontiert. Sie stehen vor schwierigen Entscheidungen und geraten in Situationen, in denen ihr Auftrag oder ihre Befehle fragwürdige Handlungen erfordern und dadurch mit ihrem moralischen Empfinden in Widerstreit geraten können. Dies kann als Spielelement durchaus reizvoll sein, weil es die Charaktere dazu zwingt, über ihre eigenen Prioritäten nachzudenken, sich Zweifeln zu stellen und gegebenenfalls ungewöhnliche Lösungen zu finden, mit denen sie allen Ansprüchen gerecht werden. Wenn deine Spieler dies spannend finden, kannst du auch die Auseinandersetzung mit Skrupeln, Selbstvorwürfen und Schuldgefühlen zu einem Thema der Kampagne machen.
Die Abenteuer sollen auch für Helden mit feststehenden Prinzipien und Überzeugungen spielbar sein, an einigen Stellen finden sich daher Hinweise, wie du als Meister mit solchen Situationen umgehen kannst und wie bestimmte Szenen (auf)gelöst oder abgeändert werden können. Eine Möglichkeit ist in diesem Fall, die Thronprätendentin Rhônda von Anfang an aktiv als gefährliche, mitunter fanatische Despotin zu porträtieren, sodass die Helden sich als bewusster Gegenpol positionieren können, um die Gräuel des Krieges auf ein notwendiges Minimum zu begrenzen.
Als besonderes Element kommt in diesem Abenteuer hinzu, dass die Helden den Auftrag erhalten, einen feindlichen Anführer aufzuspüren und zu töten. Sollte es für deine Spieler und ihre Helden keine Option sein, einen solchen Auftrag auszuführen, bietet das Abenteuer eine alternative Möglichkeit, wie die Helden dies vermeiden und ihre Vorgesetzten dennoch zufriedenstellen können (siehe Seite **59**).

Helden viele Möglichkeiten, ihre Nützlichkeit zu beweisen. Dies gilt insbesondere, wenn sie aus der Region stammen oder zumindest mit der örtlichen Flora und Fauna vertraut sind. Auch heilkundige Helden, etwa ein Medicus oder eine Feldscherin werden an verschiedenen Stellen ihre Fähigkeiten zum Vorteil der Gruppe anwenden können.
Magiebegabte Helden erweitern den Handlungsspielraum der Gruppe und können sowohl als offen auftretende Zauberkundige wie auch als heimliche Magiewirker einen wertvollen Beitrag zum Erfolg leisten. Besonders passend wären im ersten Fall Magier aus den Akademien Al'Anfa und Mirham, aber auch ein Animist der Waldmenschen könnte in der Spezialeinheit Aufnahme finden, sofern er Gründe hat, sich dem Unternehmen anzuschließen. Aufgrund der Heimlichkeit, die bei vielen der verdeckten Missionen erforderlich ist, passen aber auch diskrete Zauberwirker wie Magiedilettanten oder südaventurische Spinnenhexen gut in die Gruppe.
Unter den zwölfgöttlichen Geweihten eignen sich vor allem die Priester des grimmigen Schlachtengottes Kor sowie Borongeweihte des Al'Anfaner Ritus. Ebenso könnte ein verdeckter Diener des listigen Phex unter den Spezialisten der *Rabenkrallen* zu finden sein.
Da es sich um einen militärischen Feldzug handelt, sind Helden, die Gewalt aufgrund ihrer Profession oder ihrer Moralvorstellungen ablehnen, nur schwer in das Geschehen zu integrieren. Ungeeignet sind ebenso Charaktere, die eine Abneigung gegen Geheimoperationen, Intrigen, List und Lüge haben. Auch Helden, die in Südaventurien als Exoten gelten, beispielsweise Elfen, Zwerge, Gjalsker und ähnliche, sind wegen ihrer Auffälligkeit weniger geeignet und sollten zumindest über nützliche Fähigkeiten verfügen, um dennoch für den Einsatz in der Spezialeinheit in Betracht gezogen zu werden.

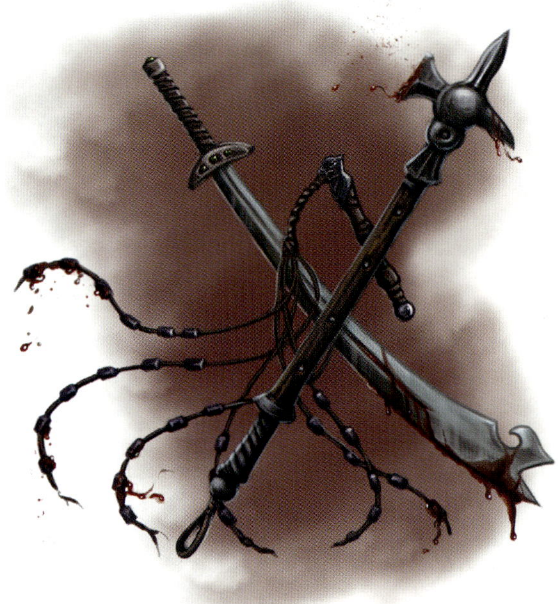

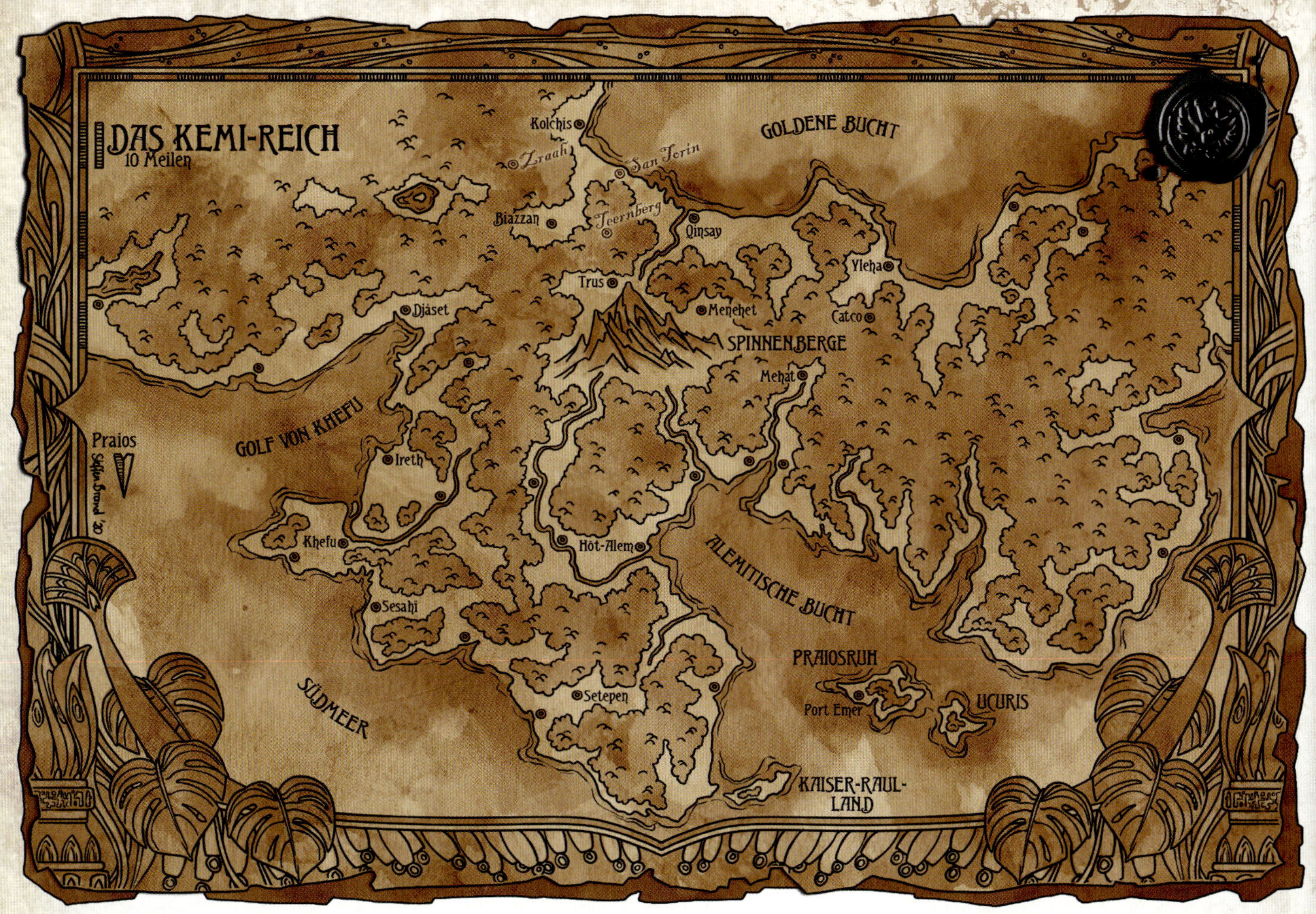

Der Plan des horasischen Gesandten

Mariano ya Strozza ist sich bewusst, dass das Horasreich aufgrund innerer Zwistigkeiten, widerstrebender Interessen und anderer Probleme Königin Ela keine schnelle Unterstützung gegen den Vormarsch ihrer Schwester zur Verfügung stellen kann. Er ist sich sicher, dass mit dem Eintritt Al'Anfas in den Krieg nur noch ein Wunder Ela den Thron bewahren kann. So bleibt den Horasiern lediglich, den loyalistischen Widerstand so zu stärken, dass er auch nach dem Sturz Elas fortbestehen kann, um den Al'Anfanern und ihren neuen kem'schen Verbündeten ein kaum auszumerzender Stachel im Fleisch zu sein.

Zudem hegt Mariano die Hoffnung, durch die Etablierung von Schmuggelrouten wichtige Rohstoffe aus dem Landesinneren Kemis weiterhin für das Horasreich nutzbar zu halten – insbesondere gilt das für den Teer aus der Siedlung Teernberg tief im loyalistischen Landesinneren, der für die Seetüchtigkeit und Bewaffnung der horasischen Flotte von immenser Bedeutung ist. Aus diesem Grund organisiert der umtriebige Gesandte nicht nur Anschläge auf al'anfanische Offiziere und Würdenträger sowie Sabotageakte gegen feindliche Forts, Heeresteile und Versorgungstruppen, sondern setzt all seine diplomatischen und intriganten Fähigkeiten ein, um den Güterstrom aus dem und in das Kemi-Gebiet auch für die Nachkriegszeit zu sichern.

Seine derzeitige Mission führte ihn zunächst nach Teernberg, wo er schnell mit dem dort verantwortlichen Kommandanten ♝ *Hotep Âken'ptah* einig wurde, die Lieferungen auch nach Kriegsende aufrechtzuerhalten. Sein nächstes Ziel war das berüchtigte Schmugglernest San Torin, wo er Kontakt zur lokalen Unterweltsgröße ♝ *Borono „das Ohr" Malmenheimer* und dessen Prokuristen ♝ *Igolf von Binsenbrot* aufnahm. Es gelang dem Gesandten, mit den Schmugglern ein Abkommen über die Teerverschiffung nach Kriegsende abzuschließen.

Anschließend brach Mariano zu den Achaz vom Stamm der H'Zraah auf, durch deren für Menschen kaum zugängliches Gebiet nach Kriegsende der Transport von Schmuggelware verlaufen soll, wenn die neue Herrscherin Kemis die Route über den Fluss Torina sperren würde, über die derzeit ein Großteil des Warenverkehrs vom Landesinneren nach Norden abgewickelt wird.

Mariano ahnt zwar, dass ihm al'anfanische Agenten auf den Fersen sind, doch er weiß nicht, dass es sich dabei nicht allein um Oderins Leute (die Helden), sondern auch um konkurrierende Kopfgeldjäger aus dem Gefolge Marvana Zornbrechts handelt. Doch damit nicht genug hat Marianos eigener Sohn ♜ *Tomasio ya Strozza*, von Gier und Hass getrieben, seinem Vater einen bezahlten Meuchelmörder nachgesandt. Auch Marianos ehemalige Geliebte, die er unlängst kühl abserviert hat, hat sich auf seine Fährte gesetzt, um die erlittene Schmach blutig zu rächen.

Die zeitliche Abfolge der Ereignisse

Der folgende Zeitplan beschreibt, welchen voraussichtlichen Verlauf die Ereignisse (auch ohne ein Eingreifen der Helden) nehmen würden und soll dir dabei helfen, den Überblick über die Bewegungen und Handlungen der einzelnen Akteure zu bewahren. Letztlich sollen aber deine Spieler die Helden der Geschichte sein. Wenn es dir sinnvoll erscheint, nutze die Möglichkeit, den Ablauf nach Bedarf abzuändern und auf die Bedürfnisse und Fortschritte deiner Gruppe anzupassen.

Zeitpunkt	Ereignis
Tag 1	Ein von Mariano ya Strozza organisiertes Attentat auf Oderin du Metuant in Yleha fordert mehrere Todesopfer.
Tag 2	Oderin unterrichtet seine Berater, darunter Odilo Kugres-Estrazar, dass er das „Problem ya Strozza“ nun endgültig zu lösen beabsichtigt. Odilo informiert heimlich Mitverschwörerin Marvana Zornbrecht. Die Generalin sendet noch am gleichen Tag einen Trupp von Kopfgeldjägern aus, um Mariano zu töten und zugleich Saids *Rabenkrallen* als Versager darzustellen oder sie, falls möglich, ebenfalls zu töten.
	Die Helden erhalten von Oderin und Said den Auftrag, Mariano ya Strozza zur Strecke zu bringen.
Tag 3	Die Helden brechen nach Teernberg auf.
	Mariano ya Strozza trifft in Teernberg ein und bezieht Quartier im Nordfort, um über das Teergeschäft zu verhandeln.
Tag 4, Nacht	Nach dem erfolgreichen Abschluss des Teergeschäfts verlässt Mariano Teernberg und begibt sich per Boot auf die Reise nach San Torin. Um etwaige Spione zu täuschen, verlässt er die Siedlung in tiefster Nacht und lässt einen Teil seiner Eskorte zurück.
Tag 5, Morgen	Hamida saba Heshinna kommt in Teernberg an.
Tag 5, Mittag	Marvanas Schergen treffen in Teernberg ein. Alfonso de la Puente verprügelt den Wirt der Taverne Schwarzes Gold und muss vor der Wache fliehen.
Tag 5, Nacht	Hamida verführt den Capitan von Marianos Eskorte und findet das Reiseziel des Gesandten heraus.
	Mariano ya Strozza trifft zusammen mit dem Rest seiner Eskorte in San Torin ein.
	Die Helden erreichen Teernberg, müssen jedoch vor dem Fort rasten, da dieses wegen des Krieges die Tore erst mit Sonnenaufgang öffnet.
Tag 6, Morgen	Die Helden beginnen mit ihren Nachforschungen in Teernberg. Hamida saba Heshinna mietet einen Platz auf einem Floß nach San Torin.
	Der Gesandte ya Strozza handelt in San Torin mit Igolf von Binsenbrot und Borono Malmenheimer ein Abkommen über den Teerschmuggel aus.
Tag 6, Mittag	Mariano ya Strozza bricht ins Achaz-Gebiet auf.
Tag 6, Nacht	Jorge Nebelberger dringt in das Nordfort ein und erfährt durch die Folterung des Schreibers das Reiseziel des horasischen Gesandten. Ihm dicht auf den Fersen sind die Helden, die durch den sterbenden Schreiber ebenfalls an die entscheidende Information kommen.
Tag 7	Die Helden und Jorge brechen bei Sonnenaufgang per Floß nach San Torin auf. Kurz darauf folgen die Kopfgeldjäger Marvana Zornbrechts in einem gestohlenen Boot.
	In San Torin versucht Hamida saba Heshinna vergeblich, Marianos nächstes Ziel in Erfahrung zu bringen.
Tag 7, Mittag	Marvanas Söldner treffen in San Torin ein und nehmen Kontakt zu Igolf von Binsenbrot auf. Dieser enthüllt nach Erhalt einer beachtlichen Bestechungssumme die Pläne Mariano ya Strozzas. Die Kopfgeldjäger heuern eine Gruppe Totschläger an, die sich um die demnächst eintreffenden Helden kümmern soll.
Tag 7, Abend	Die Helden und Jorge erreichen San Torin. Beide Parteien erfahren, dass Mariano Gast bei Igolf von Binsenbrot gewesen ist. Die Helden werden kurz darauf von den von Marvanas Schergen angeheuerten Schlägern überfallen.
Tag 7, Nacht	Jorge dringt in die Villa Igolf von Binsenbrots ein, foltert und tötet ihn, nachdem er vom Ziel des Gesandten erfahren hat. Die Helden überraschen ihn bei seiner Flucht.
	Hamida saba Heshinna versucht, in Igolfs Villa einzubrechen, um seine Unterlagen nach Hinweisen zu Mariano zu durchsuchen.
	Borono „das Ohr“ und seine Schergen erscheinen am Ort des Geschehens und verwickeln Hamida und die Helden in einen Kampf. Von Borono können die Helden von Mariano ya Strozzas Plänen erfahren.
Tag 8, Morgen	Jorge und die Helden brechen voneinander unabhängig ins Achaz-Gebiet auf.

Die Motivation

Die Kampagne bietet die Möglichkeit, sie sowohl mit Helden zu spielen, deren Loyalität Al'Anfa gilt, als auch eine Gruppe ins Feld zu führen, die auf Seiten des Horasreiches und seiner Verbündeten in der Goldenen Allianz steht. In beiden Fällen sollten die Helden – zumindest zu Beginn des Krieges – überzeugt davon sein, auf der richtigen Seite zu stehen und für eine gute Sache zu kämpfen. Neben Treue und Patriotismus können auch persönliche Sympathien (oder Antipathien), religiöse Überzeugungen in Bezug auf den göttergewollten (oder gegen göttlichen Willen verstoßenden) Boronszug oder die Aussicht auf Bezahlung und reiche Beute eine starke Motivation sein.

Das folgende Symbol kennzeichnet Abschnitte, die speziell auf Helden im Dienste des Horasreiches zugeschnitten sind:

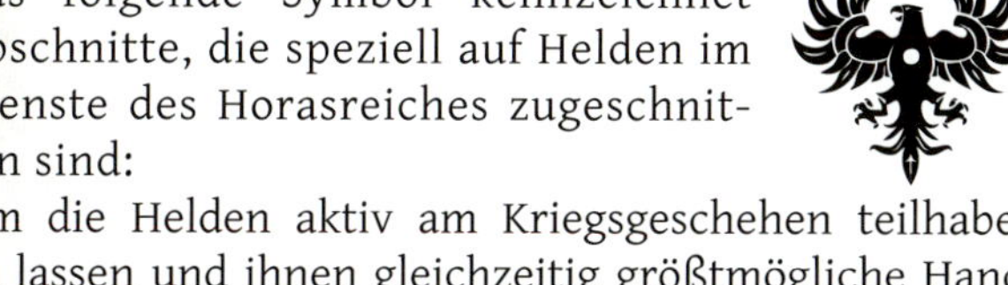

Um die Helden aktiv am Kriegsgeschehen teilhaben zu lassen und ihnen gleichzeitig größtmögliche Handlungsfreiheit zu geben, sind sie nicht Teil einer regulären militärischen Einheit. Stattdessen werden sie für eine in kleinen Trupps operierende Spezialeinheit angeworben, die im Laufe des Feldzuges mit der Durchführung verschiedener Kommandounternehmen beauftragt wird. Sie sind daher nicht in die starre Struktur der al'anfanischen Armee gepresst und können häufig nach eigenem Ermessen über ihr Vorgehen entscheiden. Gleichwohl unterstehen sie grundsätzlich vorgesetzten Offizieren und sind in einigen Situationen auch klar an deren Befehle gebunden. Helden, die diese Form der Autorität aufgrund ihres Wesens oder ihrer Überzeugungen ablehnen, sollten eine Motivation besitzen, sich dennoch für die Zeit des Feldzuges an die gegebenen Bedingungen anzupassen. Sei es, dass sie durch eine in Aussicht stehende Belohnung (Geld, Ruhm, Straferlass) gelockt werden, dass sie die Notwendigkeit einer klaren Befehlshierarchie bei einem größeren militärischen Unternehmen erkennen oder dass sie ihren Gefährten zuliebe diese Einschränkung auf sich nehmen.

Rassismus und Kolonialismus im Spiel

Die Welt von **Das Schwarze Auge** orientiert sich lose an einem Setting mittelalterlicher Phantastik. Viele der Strukturen und Hintergründe, welche heute den Kontinent Aventurien ausmachen, sind im Laufe seiner fünfunddreißigjährigen Geschichte langsam gewachsen und haben sich immer wieder verändert. Zum Kontinent Aventurien gehören jedoch nicht nur epische Heldentaten, sondern auch schurkische Umtriebe, gegen die strahlende Helden aufbegehren können!

Für viele Aventurier ist es normal, auf die Stammeskultur der Dschungelbewohner herabzublicken. Wenig vorstellbar erscheint es einem al'anfanischen Granden, dass ein Waldmensch außerhalb befestigter Städte mit all ihren Vorzügen ein erfülltes Leben genießen kann. Kaum kommt es einer Gewürzhändlerin in den Sinn, dass die Utulustämme der Waldinseln keine rechte Verwendung für das Gold haben könnten, dass sie ihnen im Austausch gegen ihre Gewürze anbieten mag. Einige Kolonialmächte, allen voran natürlich das mächtige Al'Anfa, hegen wenig Skrupel, mit Gewalt in die Gebiete der Stämme einzudringen, um sich ihre Ressourcen einzuverleiben, denn die nach ungewohnten Prinzipien organisierten Dorfgemeinschaften erscheinen in den Augen der aventurischen Kolonialmächte kaum als kultiviert.

Diese inneraventurische Perspektive mag so manch ein In-Game-Text in diesem Band durchaus einnehmen, jedoch möchten wir in unseren Beschreibungen eine unvoreingenommene Perspektive auf die südaventurischen Stammeskulturen bieten, ohne dabei in erster Linie den Standpunkt eines hellhäutigen Südaventuriers einzunehmen. Vorurteile und Klischees mögen einen Ansatzpunkt für interessante Szenen im Rollenspiel bieten, doch in welchem Maße ihr die Folgen des irdischen Kolonialismus auf eure Spielwelt übertragen möchtet, inwiefern ihr Diskriminierung in euer Spiel in Aventurien aufnehmen möchtet, bleibt ganz eurer Runde überlassen.

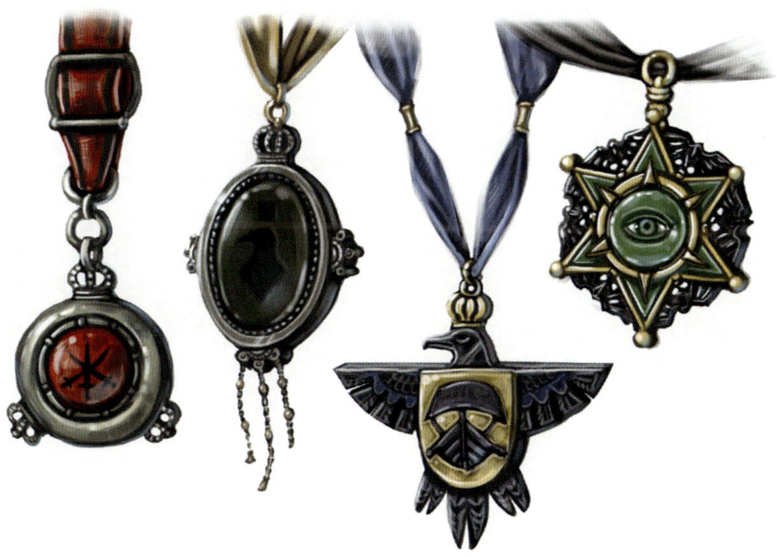

DER ANSCHLAG

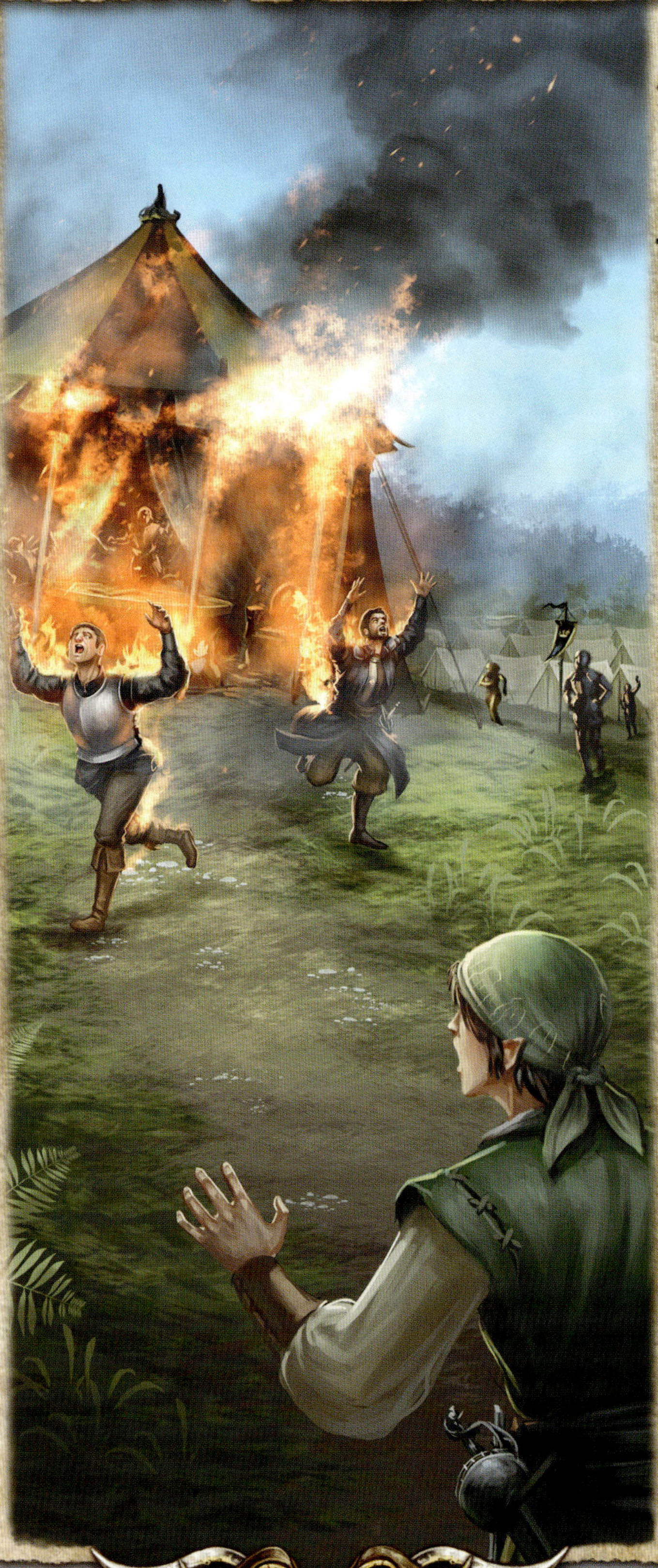

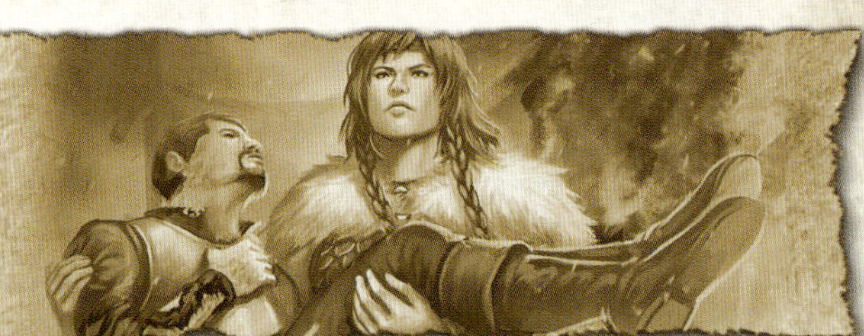

Die Handlung des Abenteuers setzt unmittelbar nach dem Ende des vorangegangenen Teils der Kampagne ein. Während ihres Aufenthalts in Yleha werden die Heldinnen Zeugen eines Attentats auf den al'anfanischen Generalissimus *Oderin du Metuant* und können bei der Rettung der Verwundeten Mut und Entschlossenheit beweisen, wenn sie schnell reagieren. Wenig später erhalten sie von Oderin den Auftrag, den horasischen Edelmann *Mariano Demian ya Strozza* (siehe Seite **48**), den Kopf hinter dem Anschlag und Urheber zahlreicher Sabotageakte und Komplotte gegen den Boronszug, aufzuspüren und seiner gerechten Strafe zuzuführen. Ein Schiff bringt sie nach Kolchis, von wo aus sie verkleidet die feindlichen Linien überqueren und über Dschungelpfade bis nach Teernberg gelangen, wo sie den Gesuchten vermuten.

Die Neuen

Heldinnen, die Der Sturz des Adlers als Einzelabenteuer ohne Einbindung in die gesamte Kampagne erleben, gelangen mit einem Nachschubtransport direkt aus Al'Anfa nach Yleha. Sie sind dann Verstärkung oder Ersatz für bei den vorangegangenen Kämpfen getötete oder verwundete *Rabenkrallen*. Voraussetzung ist in diesem Fall, dass die Heldinnen sich bereits einen gewissen Ruf in Meridiana erarbeitet haben oder einflussreiche Fürsprecher besitzen, sodass sie für Oderin als eine geeignete Wahl für die sensible Mission erscheinen. Auch wenn sie sich durch ein beherztes Eingreifen nach dem Attentat hervortun, können sie damit die Aufmerksamkeit des Schwarzen Generals wecken und ihn dazu bewegen, sie für den Auftrag auszuwählen.

Einstieg für Heldinnen im Auftrag des Horasreiches

Sollen deine Heldinnen das Abenteuer auf Seiten des Horasreiches bestreiten, wurden sie kurz zuvor von der horasischen Gesandten *Carvaia ya Dergamon* (siehe Seite **15**) angeworben. Sie sollen in ihrem Auftrag mehr über die Pläne der Al'Anfaner erfahren und Möglichkeiten finden, diese zu stören. Wenn möglich sollen sie außerdem versuchen, positiv aufzufallen, um die Aufmerksamkeit des Schwarzen Generals zu wecken und zu diesem Zugang zu bekommen. Mithilfe ihrer Kontakte und gefälschter Marschbefehle ist es Carvaia gelungen, die Heldinnen (als angebliche Experten aus einem weiter entfernten al'anfanischen Stützpunkt in der Charyptik) in die Spezialeinheit einzuschleusen.

Yleha
Region: Hauptstadt der Provinz Yleha, größte Hafenstadt an der Nordküste des Kemi-Reiches
Einwohner: 500
Herrschaft: Prinzessin Rhônda IX. Setepen
Tempel: Boron (kem'scher Ritus), Rondraschrein
Handel und Gewerbe: Fischfang, kleine Werft (Bootsbau)
Besonderheiten: Die Festung von Yleha ist Oderin du Metuants Hauptquartier während der ersten Phase des Krieges.
Stimmung in der Stadt: In Yleha lebten schon vor Beginn des Boronszuges viele Sympathisanten Rhôndas. Nach der unblutigen Einnahme der Stadt durch die Prinzessin und ihre al'anfanischen Verbündeten werden die Truppen von den Einheimischen eher als Befreier denn als Eroberer betrachtet. Nirgendwo sonst haben sich so viele Kemi freiwillig dem Boronszug und dem Banner Rhôndas angeschlossen wie in Yleha. Westlich der Stadt wurde ein großes Zeltlager errichtet, in dem al'anfanische Truppen lagern, darunter auch Eliteeinheiten und Ordenskrieger vom Orden des Schwarzen Raben, die Oderin als Reserve zurückhält. Die Stimmung unter den Soldaten ist entspannt und siegesgewiss, der einheimischen Bevölkerung begegnet man zumeist aufgeschlossen.

Gerüchte über den Kriegsverlauf

In Kriegszeiten und insbesondere unter der von Oderin du Metuant erlassenen Informationssperre, blühen die Gewächse der Gerüchteküche in allen Farben des Regenbogens. Je nachdem, mit wem die Heldinnen ins Gespräch kommen, können sie die unterschiedlichsten Neuigkeiten aufschnappen, die einen so wenig nachprüfbar wie die anderen. Nachfolgend einige beispielhafte Gerüchte, die du auswählen oder zufällig (W6) bestimmen kannst:

- Der al'anfanische Vormarsch ...
  1. ... ist bei zwei der drei Invasionskeile zum Erliegen gekommen. Die Kemi kämpfen verbissen und scheuen weder List noch Tücke. (+)
  2. ... unter Alena Karinor bewegt sich nach Süden, doch erst wenn der Dschungel sicher durchquert ist, steht einem Durchmarsch nach Laguana nichts mehr im Wege. (+)
  3. ... geht unaufhaltsam voran. Die Vorhut der Streitmacht unter Alena Karinor steht bereits kurz vor Khefu. (–)
  4. ... dient in Wahrheit nur dem Ziel, die verschollene Smaragdstadt Zul'Marald zu finden. Oderin du Metuant hofft, dort das Geheimnis des ewigen Lebens zu entdecken. (–)
  5. ... ist nur eine Finte, die von den wahren Plänen des Schwarzen Generals, der Eroberung Drôls, ablenken soll. (–)
  6. ... geht langsamer voran, seit die mit den Kemi verbündeten Horasier die Waldmenschen und Achaz des Dschungels gegen Prinzessin Rhônda und den Boronszug aufgehetzt haben. (+/–)
- Die Kemi ...
  1. ... haben erkannt, dass ein Erfolg des Boronszuges vom Überleben Prinzessin Rhôndas abhängt. Wenn sie stirbt, stirbt ihr Thronanspruch mit ihr. (+)
  2. ... sind dringend auf horasische Unterstützung angewiesen, wenn sie Al'Anfa dauerhaft die Stirn bieten wollen. (+)
  3. ... stehen kurz davor, sich zu ergeben. Die falsche Königin Ela ist bereit, sich ihrer Schwester Rhônda zu unterwerfen und ihr die Füße zu küssen. (–)
  4. ... bereiten tief im Dschungel ein gewaltiges Ritual vor, um ein altes Unheil aus der Zeit der Wudu zu wecken. Sie sind so verzweifelt, dass sie vor keinem götterlästerlichen Tun mehr zurückschrecken. (–)
  5. ... haben den horasischen Gesandten als Geisel genommen, um den Adlerthron in Vinsalt zu zwingen, seine Flotte gegen Al'Anfa zu schicken. (–)
  6. ... sind besorgt wegen der schweren Verwundung, die ihre Königin ans Bett fesselt. Es heißt, ihre eigene Mutter hätte versucht, sie zu vergiften, um ihr Leiden zu beenden. (+/–)

Das Attentat

Auf ihrem Weg durch das Feldlager außerhalb der Stadt werden die Helden Zeugen des Brandanschlags auf eine Besprechung ♜ *Oderin du Metuants* (*969 BF, ergrautes, aber volles Haar, harte Züge, markantes Kinn, athletisch und muskulös, aufrechte Haltung, strategisch denkend, effizient, unbestechlich, gnadenlos; legendärer Heerführer) mit seinen Offizieren. Die Attentäter haben sich als al'anfanische Soldaten verkleidet und sind unerkannt ins Feldlager gelangt. Sie schlagen im Moment der größten Nachmittagshitze zu, da die Leibwächter nach Stunden unter der gnadenlos glühenden Sonne erschöpft und nicht mehr allzu aufmerksam sind. Den Magier ♜ *Quintilian Kalando-Paligan* (siehe Seite **59**), der für die Sicherheit des Schwarzen Generals verantwortlich ist, haben sie unter einem Vorwand fortgelockt.

Die Helden sind zu weit entfernt, um das Attentat noch zu verhindern. Sie haben aber die Möglichkeit, unmittelbar danach einzugreifen und sich hervorzutun, indem sie die Verletzten aus den Flammen retten.

Zum Vorlesen oder Nacherzählen:

An diesem Nachmittag sind Oderin du Metuant und seine Offiziere nicht in dem großen Kartenraum in der Festung zusammengekommen. Für ihre Besprechung nutzen sie stattdessen das Feldherrenzelt, das weithin sichtbar auf einer kleinen Erhebung im Zentrum des Heerlagers errichtet wurde. Eine Zeltwand wurde hochgeschlagen, um Luft ins Innere zu lassen, und der Schwarze General ist auch aus der Entfernung unschwer an der geschwärzten Plattenrüstung und den für ihn typischen entschlossenen Gesten zu erkennen. Vielleicht war es die drückende Schwüle, die ihn und seine Berater aus der Festung getrieben hat. Vielleicht ist seine Anwesenheit auch eine wohlkalkulierte Zurschaustellung von Tatendrang, ein Signal an die hier lagernden Truppen, dass ihr General keineswegs müßig in seinem Hauptquartier sitzt, sondern entschlossen die Geschicke des Krieges lenkt.

Unruhe entsteht, als eine junge Frau in den einfachen Kleidern einer einheimischen Fischerin versucht, zu dem Besprechungszelt vorzudringen und dabei die Aufmerksamkeit von Oderins Leibwache auf sich zieht. Die Gerüsteten treten ihr entgegen, um sie aufzuhalten. Von eurer Position aus könnt ihr mehrere schwarz gekleidete Gestalten sehen, die sich währenddessen aus anderen Richtungen dem Zelt nähern. Sie tragen etwas in den Händen, das ihr nicht genau identifizieren könnt. Schließlich bemerken auch Oderins Leibwächter die Gestalten, Kommandorufe schallen zu euch herüber und Kämpfer eilen auf sie zu, um ihnen den Weg zu versperren.

Einer der Angreifer schickt sich an, etwas zu werfen, wird aber im gleichen Moment von einem Armbrustbolzen in die Brust getroffen. Eine unscheinbare Tonkugel entgleitet seinen Fingern und zerbirst auf dem Boden. Eine Stichflamme lodert auf und lässt den Mann in Feuer aufgehen. Die Leibwächter können zwei weitere Angreifer packen und zu Boden ringen. Ihr atmet erleichtert auf, als sie auch den letzten der Eindringlinge einkreisen. Doch gerade, als sie ihn erreicht haben, wirft sich dieser entschlossen nach vorn und schleudert seine Fracht in hohem Bogen auf das Zelt. Die Tonkugel zerplatzt. Dunkles Brandöl spritzt über die Zeltbahn, den Kartentisch und das Reisstroh, das den Boden bedeckt. Flammen züngeln in die Luft und binnen eines Herzschlags brennen Zelt, Möbel und Menschen lichterloh! Alarmrufe und panische Schreie gellen durch das Zeltlager.

Beherztes Eingreifen

Die bei dem Attentat verwendete Substanz ist eine alchimistisch verbesserte Variante des Hylailer Feuers, ein besonders potentes experimentelles Brandöl aus horasischen Militärbeständen. Versuche, den Brand mit Wasser zu löschen, zeigen keinerlei Erfolg. Ein Löschen mit Sand wird dadurch erschwert, dass der Erdboden im gesamten Zeltlager mit Reisstroh bedeckt ist, in dem das Feuer leicht neue Nahrung findet. Es ist möglich, die Flammen, auch die brennende Kleidung von Menschen, durch dichten Stoff zu ersticken, doch in dem schwülheißen Klima sind Decken und schwere Mäntel selten.

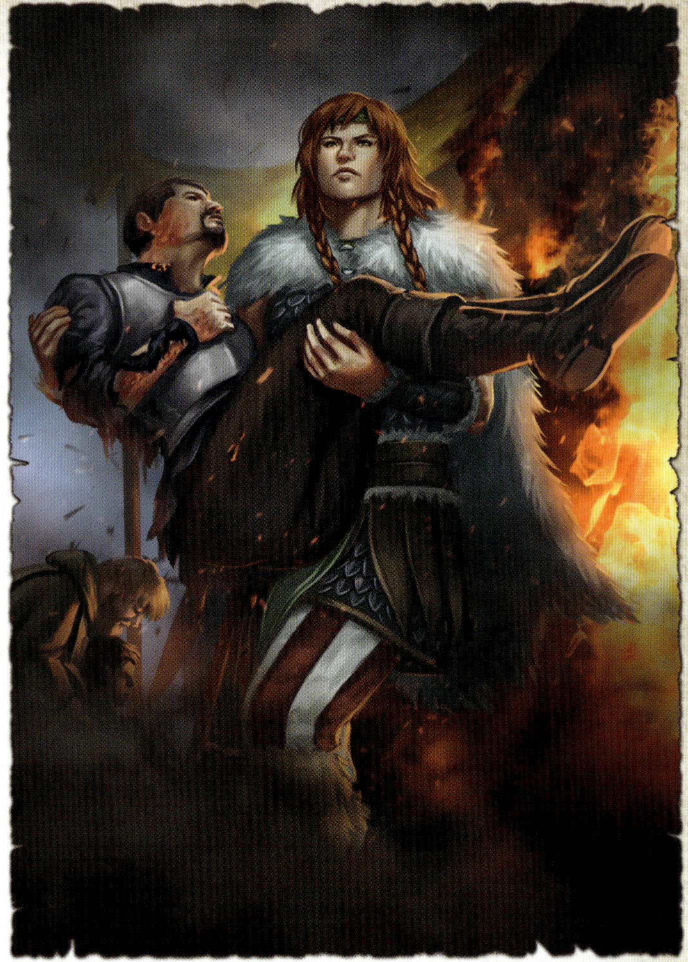

Zwar kommen rasch zahlreiche Söldnerinnen und Soldaten herbeigeeilt, um zu helfen, doch fehlt anfangs eine ordnende Hand, um die aufgeregten Helfer zu organisieren. Oderins Leibwache konzentriert sich zunächst darauf, den Schwarzen General aus dem brennenden Zelt zu holen und ihn umgehend in die Sicherheit der nahen Festung zu bringen. Die Sorge vor weiteren Attentätern und Agenten macht die Bewaffneten nervös. Einheimische, die sich verdächtig verhalten, werden ohne viel Federlesen unter Arrest gestellt. Schnell machen Gerüchte über die Schwere der Verletzung des Generals oder gar seinen Tod die Runde.

Für die Helden bietet der Zwischenfall eine Gelegenheit, sich durch beherztes Eingreifen und mutige Taten hervorzutun. Als (Unter-)Offiziere genießen sie eine gewisse Autorität und können das Kommando übernehmen und die Rettungsarbeiten koordinieren. Als Mitglieder der *Rabenkrallen* sind sie besser als die meisten anderen Soldaten darauf vorbereitet, auf unerwartete Situationen zu reagieren und einen kühlen Kopf zu bewahren:

- Verletzte, die in den Flammen eingeschlossen sind oder bereits das Bewusstsein verloren haben, müssen aus dem brennenden Zelt geholt werden. Hierfür müssen die Helden sich selbst in Gefahr begeben und dem Feuer aussetzen (je nach Situation Status *Brennend* auf kleiner oder großer Fläche).
- Brennende Offiziere müssen gelöscht und ihre Verletzungen versorgt werden. Fünf der verletzten Frauen und Männer haben mittlere bis schwere Verbrennungen erlitten. Für zwei weitere kommt jede Hilfe zu spät. Eine dritte Offizierin droht ebenfalls

zu sterben, kann durch schnelles Handeln (Heilmagie, Götterwirken oder Probe *Heilkunde Wunden* (*Stabilisieren*) –3) jedoch noch von der Schwelle des Todes gerettet werden.

- Die Schwerverwundeten müssen so rasch wie möglich zum Lazarettzelt gebracht werden, wo sauberes Wasser, Arzneien und Verbände bereitliegen.
- Das brennende Zelt muss gelöscht werden, um zu verhindern, dass das Feuer auf benachbarte Zelte übergreift und das ganze Feldlager in Flammen gerät.
- Die überlebenden Attentäter müssen vor den wütenden Soldaten bewahrt werden, die sie erschlagen wollen, damit sie später verhört und nach ihrem Auftraggeber befragt werden können.

Die Bilanz des Tages ist düster: Oderin und die meisten anderen Teilnehmer der Besprechung haben schwere Brandverletzungen davongetragen, drei Offiziere wurden getötet (nur zwei, falls die *Rabenkrallen* umgehend gehandelt und eine der Schwerverletzten gerettet haben). Auch die Helden haben bei ihrem Eingreifen möglicherweise Brandwunden erlitten und mussten das Lazarett aufsuchen. Zwei der Attentäter wurden im Kampf erschlagen, zwei weitere konnten von den herbeieilenden Soldaten überwältigt werden (und sind noch am Leben, wenn die Helden eine sofortige Lynchjustiz verhindert haben).

Die Gesandte des Horasreiches

Am Tag nach dem Attentat herrscht eine gedrückte und wütende Stimmung in Yleha. Wie ein Lauffeuer hat sich unter den Soldaten die Kunde verbreitet, dass ein besonderes Brandöl zum Einsatz kam, welches die Kemi wohl nicht selbst hergestellt haben. Ausgerechnet in dieser Situation trifft ein Schiff unter dem Adlerbanner im Hafen ein, das die horasische Gesandte ♜ *Carvaia ya Dergamon* (*999 BF, blondes, aufwändig frisiertes Haar, aufrechte Haltung, arrogant und eitel; meisterliche Diplomatin, kompetente Intrigantin; Betören 13 (14/15/15), Menschenkenntnis 12 (13/13/15), Überreden 13 (14/13/15), Willenskraft 10 (14/13/15), SK 2) an Bord hat. Sie ist gekommen, um dem Herrscher des al'anfanischen Imperiums eine offizielle Protestnote des Adlerthrons in Vinsalt zu überbringen und Oderin aufzufordern, seine Truppen aus dem Kemi-Reich abzuziehen.

In Anbetracht der Umstände wird ihr ein kühler Empfang zuteil. Der Schwarze General schiebt seine Verwundung vor und entsendet den Curator Vendo ♜ *Decius Paligan* (*1006 BF, hochgewachsen, stark eingeöltes dunkelbraunes Haar, purpurroter Umhang, verwöhnt und eitel, liebt den Klang der eigenen Stimme; Willenskraft 7 (12/13/12), SK 1), um die Gesandte offiziell willkommen zu heißen und ihre Botschaft anzuhören. Die *Rabenkrallen*, die Decius möglicherweise bereits kennen, werden beauftragt, als stille Eskorte für die Sicherheit der Gesandten zu sorgen. Oderin möchte vermeiden, dass in der angespannten Situation jemand etwas Unüberlegtes tut und damit womöglich dem Horasreich einen offiziellen Anlass für ein Eingreifen in den Krieg liefert.

Decius Paligan begrüßt Carvaia am Hafen und führt die Horasierin anschließend mehrere Stunden lang durch die Stadt, um ihr zu zeigen, dass die Einheimischen Prinzessin Rhônda und ihre al'anfanischen Verbündeten als Befreier willkommen heißen. Das hochtrabende und phrasenreiche Geplapper des Curator Vendo zerrt an den Nerven der Gesandten, der ihre zunehmende Verstimmung merklich anzusehen ist. Auch die zahlreichen feindseligen Blicke, Pfiffe und gemurmelten Flüche vorübergehender Söldnerinnen und Soldaten tragen nicht dazu bei, Carvaias Laune zu bessern. Als Decius schließlich offenbart, dass Oderin du Metuant auch am darauffolgenden Tag bedauerlicherweise nicht in der Lage sein wird, die Gesandte persönlich zu empfangen, reißt ihr der Geduldsfaden. Sie drückt dem verdutzten Granden die Depesche des Horas in die Hand und erklärt pikiert, dass sie Yleha am nächsten Tag mit der Morgenflut verlassen wird.

Heimliche Gespräche

Für Helden im Auftrag des Horasreiches bietet die Begegnung mit Carvaia eine Möglichkeit, sich unauffällig mit ihr zu besprechen. Eigentlich hat Decius Paligan die Weisung erhalten, die Gesandte während ihres Aufenthalts in Yleha nicht aus den Augen zu lassen. Verärgert über die prüde Carvaia, die nicht einmal so viel Entgegenkommen zeigt, über seine Horasier-Witze zu lachen, verliert er schnell den Spaß an seinem Auftrag und erweist sich als recht empfänglich für Ablenkungen. Insbesondere wenn einer

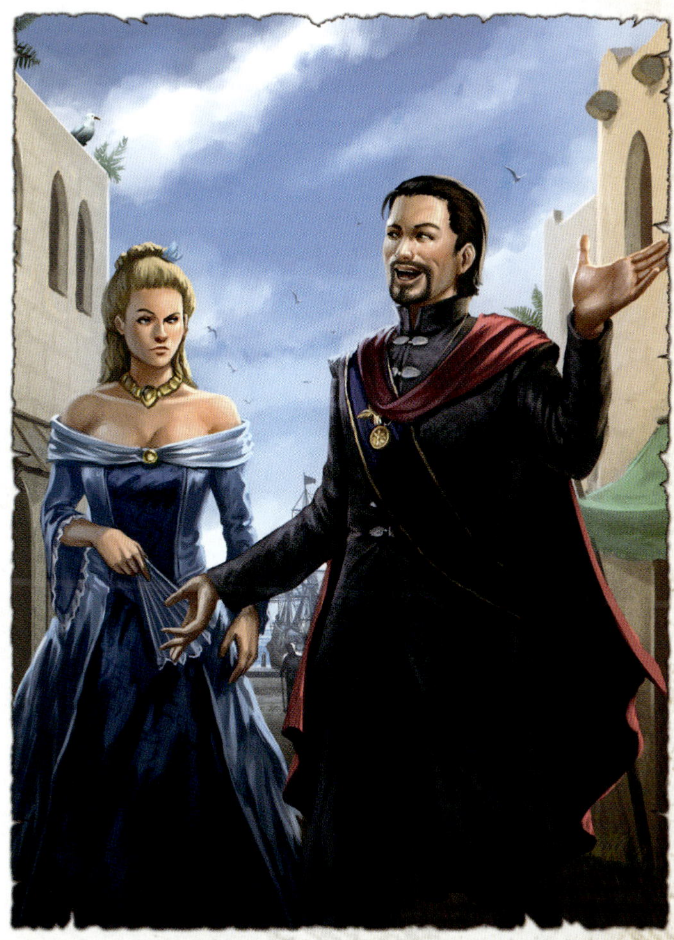

der Helden versucht, die Eitelkeit des Granden auszunutzen, zeigt das schnell Erfolg. Decius verliert sich in der Schilderung vergangener und zukünftiger Erfolge und lässt Carvaia lange genug unbeobachtet, damit sich die übrigen *Rabenkrallen* für einige Momente ungestört mit ihr besprechen können. Sie vereinbart mit ihnen ein Treffen in der folgenden Nacht auf ihrem Schiff, bei der ihr die Helden berichten und weitere Anweisungen erhalten sollen.

Alte Bekannte

Am gleichen Tag wie die horasische Gesandte trifft auch der Borongeweihte ♜ *Odilo Kugres-Estrazar* (55, hager, helle Haut, kahlrasierter Schädel, leicht gebeugte Haltung, geduldig; meisterlicher Borongeweihter, meisterlicher Intrigant; Bekehren & Überzeugen 12 (14/16/15), Menschenkenntnis 14 (16/15/15), Überreden 15 (14/15/15), Willenskraft 14 (14/15/15), SK 3) in der Stadt ein. Er ist gekommen, um dem Schwarzen General persönlich über die Lage in Qinsay zu berichten, wird aber auch das Gespräch mit den Helden suchen. Freundlich erkundigt er sich nach ihren Erlebnissen, seit sich ihre Wege getrennt haben, und berichtet seinerseits von erfolgreich verlaufenen Gesprächen, die er mit einem Priester des einheimischen Boronkults geführt hat. Zeigen sich die Helden offen, versucht er im weiteren Gespräch herauszufinden, ob beziehungsweise wie viel sie möglicherweise über die Verbindung zwischen Marvana Zornbrecht und den Verschwörern wissen und ob sie eine Gefahr für deren Pläne darstellen. Dabei geht er jedoch sehr behutsam vor, die Helden sollten an dieser Stelle nach Möglichkeit noch nicht den Verdacht schöpfen, dass Odilo gegen sie arbeitet oder versucht, sie auszuhorchen.

Berichten die Helden von Marvanas Taten, gibt Odilo sich ernsthaft besorgt und bestärkt sie darin, dass sie das Richtige getan haben. Er bietet an, im Namen der *Rabenkrallen* ein vermittelndes Gespräch mit der Generalin zu führen, zumal Marvana sich, wie er weiß, ebenfalls auf dem Weg nach Yleha befindet (sie wird erst nach der Abreise der Helden in der Stadt eintreffen, was diese zum momentanen Zeitpunkt aber noch nicht wissen können). Odilo rät den *Rabenkrallen* dazu, einen Ausgleich mit der Generalin zu suchen, da es riskant sei, sich das mächtige Grandenhaus Zornbrecht dauerhaft zum Feind zu machen. Entscheiden sich die Helden dagegen, akzeptiert er ihre Entscheidung (zum Schein) und wird nicht weiter auf sie einwirken.

Der Auftrag

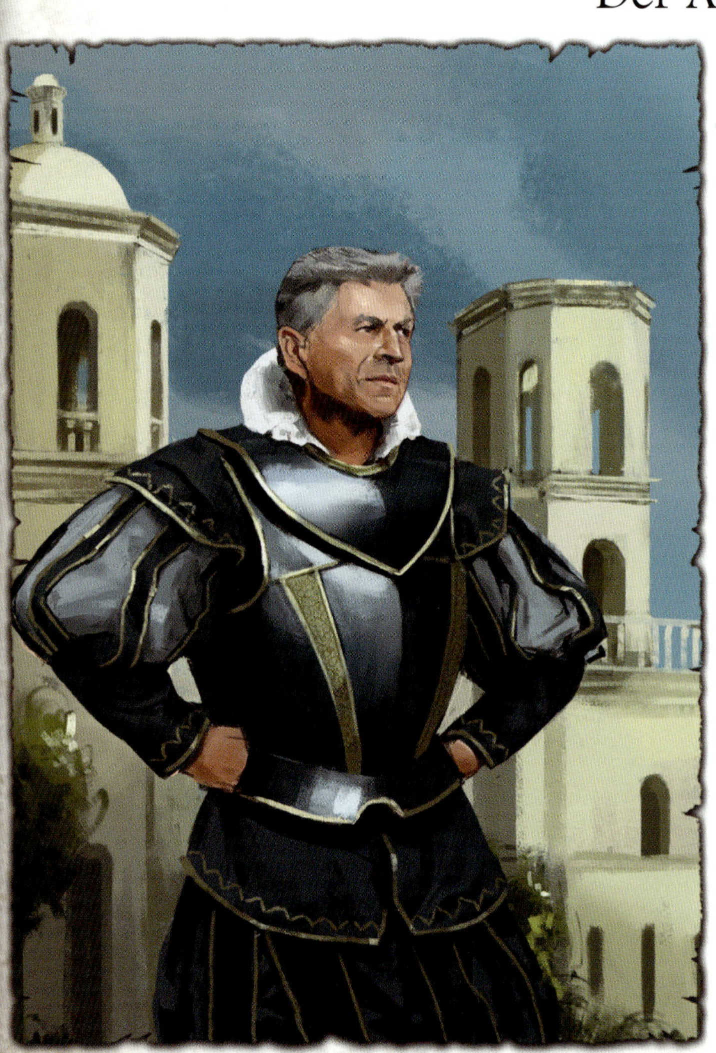

Am Nachmittag des gleichen Tages lässt Oderin du Metuant die *Rabenkrallen* zu sich in die Festung rufen. Der Schwarze General scheint wohlauf zu sein. Von Brandverletzungen ist nichts zu sehen. Bei genauerem Hinsehen (Probe auf *Sinnesschärfe (Wahrnehmen)*) erkennt man jedoch, dass einige Hautpartien am rechten Arm von hellerer, beinahe rosiger Farbe sind und irgendwie frischer wirken. Bei ihm befinden sich ♞ *Said Bonareth* (*1012 BF, schwarzes Haar, dunkle Augen, gutaussehend, wachsam, zielstrebig; meisterlicher Meuchler, unerfahrener Offizier; Menschenkenntnis 6 (12/15/14), Sinnesschärfe 12 (12/15/15), Willenskraft 11 (15/15/14), SK 2) und der ebenfalls bei dem Attentat verwundete, aber augenscheinlich unverletzte Commandante ♞ *Diago Delazar* (*1005 BF, athletisch, dunkelbraune Haare und Bart, blaue Augen, grimmiger Blick, draufgängerisch; brillanter Seeoffizier; Boote & Schiffe 15 (13/16/14), Einschüchtern 12 (17/15/13), Menschenkenntnis 8 (12/15/13), Kriegskunst (Seegefechte) 13 (15) (17/12/15), Willenskraft 12 (17/15/13), SK 2).

Nach einer militärisch knappen Begrüßung und einem Lob für ihr beherztes Eingreifen nach dem Attentat, übergibt der General das Wort an Commandante Delazar. Dieser informiert die Heldinnen, dass Magier und Alchimisten aus dem Stab des Generals das beim Anschlag verwendete Brandöl untersuchten. Es handele sich um ein neuartiges alchimistisches Gemisch auf Basis von Hylailer Feuer, das offenkundig aus den Arsenalen der horaskaiserlichen Marine stammt und nicht frei verkäuflich ist. Die überlebenden Attentäter haben, nachdem sie einem strengen Verhör unterzogen wurden, offenbart, von wem sie das Brandöl und die Anweisung für das Attentat erhalten haben: Es handelt sich um Mariano ya Strozza, den horasischen Gesandten im Kemi-Reich.

Oderin lässt die *Rabenkrallen* wissen, dass ya Strozza nicht nur erfolgreich damit beschäftigt ist, den Widerstand der Kemi durch logistische und organisatorische Unterstützung zu stärken, sondern auch für eine Reihe von Anschlägen und Sabotageakten verantwortlich ist. Offenbar ist er fest entschlossen, den al'anfanischen Vormarsch mit allen Mitteln aufzuhalten. Er beschreibt den Horasier als einen vom Hass zerfressenen, skrupellosen Mann, dem jedes Mittel recht ist, um die Kemi zu einem sinnlosen Widerstand gegen den Boronszug aufzuhetzen und Al'Anfa zu schaden. Oderin ist überzeugt, dass ya Strozza nicht aufhören wird, weitere Meuchelmörder auszusenden. Der einzige Weg, ihn aufzuhalten, besteht darin, ihn zu töten. Den *Rabenkrallen* fällt der Auftrag zu, den Horasier aufzuspüren und dem General seinen Kopf zu bringen. Dies meint Oderin wörtlich, er möchte tatsächlich den Kopf des Gesandten als Beweis für dessen Tod. Seit dem Anschlag, der mehrere seiner Vertrauten das Leben gekostet hat, nimmt er die Sache persönlich.

Der Ort und das Ziel

Said berichtet, dass al'anfanische Spione herausgefunden haben, dass ya Strozza zu einer Reise in die abgelegene Siedlung Teernberg im Norden des Landes aufgebrochen sei. Zwar sei das dortige Gebiet derzeit fest in Feindeshand, die Gelegenheit erscheint dennoch günstig, denn so nah an die al'anfanischen Linien heran wie in Teernberg wird der Gesandte wahrscheinlich sobald nicht mehr kommen. Mit der *Marbo*, dem Schiff von Diago Delazar, könnten die *Rabenkrallen* binnen eines Tages Kolchis erreichen und von dort aus, als Einheimische, Händlerinnen oder deren Geleitschutz verkleidet, unbemerkt bis nach Teernberg gelangen, um den Schurken zu stellen.

Im Anschluss übergibt Said den Heldinnen ein Dossier über Mariano ya Strozza sowie den Bericht eines Spions über die Siedlung Teernberg (siehe Seite **22**). Das Dossier enthält neben einer detailgetreuen Zeichnung ya Strozzas folgende Informationen über den Gesandten und seine Taten in den letzten Jahren, die mitunter aus al'anfanischer Sicht gefärbt und überzeichnet sind:

- Mariano ya Strozza ist bereits seit mehreren Jahren im Amt und den meisten Kemi zutiefst verhasst. Er führt sich eher auf wie ein horasischer Statthalter oder Vizekönig denn wie ein diplomatischer Gesandter, ganz so, als sei das Kemi-Reich lediglich eine Kolonie des Adlerthrons.
- Der Gesandte nutzt jede Möglichkeit, sich selbst und seine Landsleute zu bereichern. Angeblich besitzt er ein halbes Dutzend Villen im Kemi-Reich. Regelmäßig versucht er Einfluss auf die Politik des Káhet Ni Kemi zu nehmen und schreckt dabei auch nicht davor zurück, Königin Ela durch Erpressung und Drohungen unter Druck zu setzen.
- Während seiner Amtszeit haben die Horasier ihre Präsenz und ihren Einfluss im Land zunehmend ausgebaut. Fast alle bedeutenden Plantagen und Handelskontore sind in horasischer Hand. Er hat den Kemi ungerechte Handelsverträge und Monopolabsprachen aufgezwungen und plündert die Reichtümer des Landes, während die Einheimischen darben.
- Im vergangenen Jahr hat er durchgesetzt, dass die in Kemi ansässigen Horasier ausschließlich seiner Gerichtsbarkeit unterstehen und nicht länger von einheimischen Gerichten angeklagt werden können. Außerdem dürfen die Büttel der Kemi horasische Plantagen und Villen nicht mehr ohne Erlaubnis betreten.
- Der Gesandte ist ein wüster Lüstling mit absonderlichen Vorlieben, der zahlreiche Affären mit Frauen und Männern pflegt, vom Barbier bis zur Händlerin. Das Dossier enthält eine Reihe ebenso farbenfroher wie fantasievoller Schilderungen über Marianos Bettgeschichten, die auf den ersten Blick wenig praktischen Nutzen für die Mission zu haben scheinen, in denen sich jedoch ein Hinweis auf *Hamida saba Heshinna* (siehe Seite **42**) findet.

Warum wir?

Erkundigen sich die Heldinnen, warum ausgerechnet sie für diesen Auftrag ausgewählt wurden und nicht etwa die Hand Borons, in deren Zuständigkeit Derartiges gewöhnlich fällt, so schweigen Said und Diago, und auch Oderin lässt sich mit einer Antwort Zeit. Schließlich erklärt er, dass die Agenten der Hand Borons im Augenblick mit anderen Aufgaben beschäftigt seien und er jemanden vor Ort haben möchte, den er kennt und dem er vertrauen kann.

Den Heldinnen kann die Information, dass der Schwarze General offenbar die Gefahr einer undichten Stelle sieht, ein Hinweis darauf sein, dass die al'anfanische Führungsschicht hinter den Kulissen nicht so einig ist, wie es nach außen hin den Anschein erweckt. Dies kann ein weiteres Puzzlestück sein, das ihnen später dabei hilft, die Existenz der Verschwörung zu erkennen und zu enttarnen.

Ausrüstung

Als *Rabenkrallen* verfügen die Heldinnen bereits über die folgende Grundausrüstung, beziehungsweise erhalten nun Ersatz für Ausrüstungsstücke, die bei ihren bisherigen Aufträgen beschädigt oder verbraucht wurden:

- eine daumenlange, stilisierte Rabenkralle aus Obsidian, mit der sie sich gegenüber al'anfanischen Offizieren als Angehörige der Spezialeinheit ausweisen können,
- ein 10 Schritt langes Kletterseil,

- einen Wurfhaken,
- Feuerstein und Stahl sowie einige Portionen Zunder,
- eine Abblendlaterne,
- ein kleines Beil,
- zwei Granatäpfel (hohle Tonkugeln, gefüllt mit dem hochbrennbaren Mengbillaner Feuer),
- Verbandsmaterial
- und Proviant für zwei Tage.

Um sich unerkannt hinter den feindlichen Linien bewegen zu können, erhalten die Heldinnen eine geeignete Verkleidung (z. B. als einheimische Plantagenarbeiterin, Pilgerin oder reisende Händlerin). Außerdem übergibt ihnen Diago Delazar eine eisenverstärkte Schatulle aus Mohagoni-Holz, in der sie den Kopf des Gesandten transportieren können.
Gegebenenfalls kann Said weitere Dinge zur Verfügung stellen, wenn die *Rabenkrallen* mit guten Argumenten aufwarten können, warum sie diese zur Erfüllung ihres Auftrags benötigen.

Nächtliche Beratungen

Heldinnen im Auftrag des Horasreiches können Carvaia in der folgenden Nacht wie vereinbart auf ihrem Schiff aufsuchen. Als Vorwand könnte die Behauptung dienen, sie hätten eine verdächtige Gestalt bemerkt und nähmen daher eine Durchsuchung des Schiffs vor.
Berichten sie der Gesandten von Oderins Auftrag, Mariano ya Strozza zu töten, benötigt sie einen Moment, um die Neuigkeit zu verdauen, obwohl sie kaum persönliche Sympathie für den Gesandten hegt. Er hat sie in seinen letzten Berichten an den horaskaiserlichen Hof als pflichtvergessen und unfähig dastehen lassen, da es ihr nicht gelungen ist, rechtzeitig herauszufinden, dass die Al'Anfaner eine Invasion vorbereiten. Hinzu kommt, dass ya Strozza zunehmend eigenmächtig handelt und mehr daran interessiert zu sein scheint, seine eigenen Pläne zu verfolgen, als dem Willen des Adlerthrons zu entsprechen. Mit dem Attentat auf Oderin du Metuant sei er einen Schritt zu weit gegangen, denn der Horas wünsche zu diesem Zeitpunkt keinen offenen Krieg mit Al'Anfa, weil andere, innenpolitische Vorgänge seine gesamte Aufmerksamkeit beanspruchen. Hätte der von ya Strozza organisierte Anschlag Erfolg gehabt und wäre Oderin zu Tode gekommen, hätte dies zwar möglicherweise den Feldzug zunächst verlangsamt, zugleich aber das Volk und die Mächtigen Al'Anfas gegen das Horasreich aufgebracht. Damit hätte ya Strozza eine Eskalationsspirale in Gang gesetzt, die nur schwer aufzuhalten gewesen wäre und womöglich in einen großen Krieg zwischen Al'Anfa und dem Horasreich hätte münden können.
Ob aus Hass auf die Al'Anfaner, aus persönlicher Eitelkeit oder aus Sorge, bei einer Eroberung Kemis seinen Posten und seinen Reichtum zu verlieren, Mariano ya Strozza scheint vor nichts zurückzuschrecken, um den Invasoren zu schaden, und entwickelt sich dadurch für das Horasreich mehr und mehr zu einem unberechenbaren Faktor. Dennoch schreckt Carvaia davor zurück, seinen Tod billigend in Kauf zu nehmen. Sie bittet die Heldinnen, einen Weg zu finden, seine Hinrichtung lediglich vorzutäuschen, um sein Leben zu verschonen. Damit ihre Tarnung nicht in Gefahr gerät, sollen sie ihm jedoch unmissverständlich klarmachen, dass er für den Rest der Welt als tot gelten muss und das Kemi-Reich umgehend verlassen müsse.

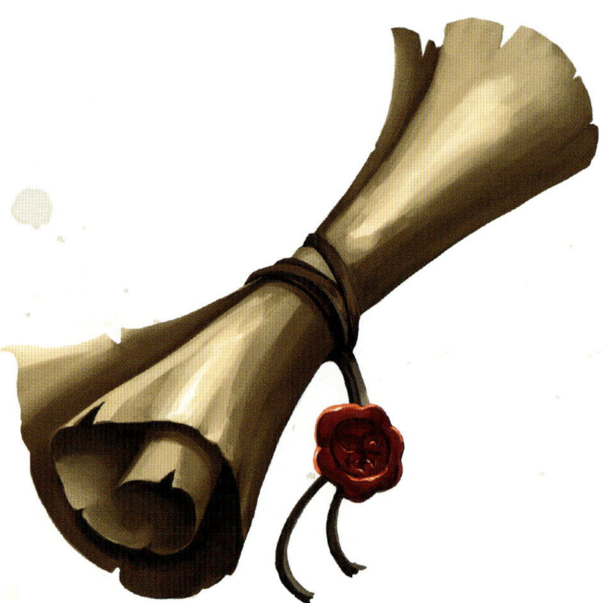

Von Yleha nach Teernberg

Kolchis
Region: Fischerdorf im Nordwesten des Kemi-Reiches
Einwohner: 280
Herrschaft: General Rachalton Peccator
Tempel: Efferdschrein
Handel und Gewerbe: Fischfang
Stimmung in der Stadt: Kolchis ist wie Qinsay und Yleha bereits am ersten Tag der Invasion in al'anfanische Hand gefallen. Die dort gelandete Streitmacht unter Prinzessin Rhôndas Heerführer Sinthium wurde jedoch beim Vormarsch nach Süden am Fluss Merit in einen Hinterhalt gelockt. General Sinthium und viele seiner Soldaten fanden den Tod, die Überlebenden wurden demoralisiert und flohen in Panik zurück nach Kolchis, um sich dort zu verschanzen. General Peccator, der gemeinsam mit den Helden eintrifft, ist entschlossen, den Kampfgeist der Soldaten wieder zu wecken, doch ist dies ein Unterfangen, das nicht an einem Tag gelingen wird. Die einheimische Bevölkerung versucht sich aus dem Krieg herauszuhalten und nicht aufzufallen.

Am nächsten Morgen verlässt die Trireme *Marbo*, eskortiert von zwei kleineren Galeeren, den Hafen von Yleha und nimmt Kurs auf Kolchis. An Bord befindet sich neben den Helden auch eine Kompanie des Laguaner-Ordens sowie General ♜ *Rachalton Peccator* (*972 BF, kahlrasierter Schädel, schwarze Augen, vernarbt, zäher Knochen; meisterlicher Offizier; Kriegskunst 13 (16/14/15), Willenskraft 11 (16/15/14), SK 3). Der Vertraute Prinzessin Rhôndas ist ein Veteran des jahrelangen Guerillakrieges gegen Königin Ela und soll als Nachfolger des glücklosen General Sinthium den Befehl über die Truppen am westlichen Landungsabschnitt übernehmen.
Bei Gesprächen an Bord können die *Rabenkrallen* alle Gerüchte über den Kriegsverlauf erfahren, die auch in Yleha kursierten (siehe Seite **13**). Verstehen sie sich gut mit Diago Delazar, lässt dieser sich unter Umständen dazu bewegen, sein Wissen mit ihnen zu teilen (Probe auf *Überreden (Manipulieren* oder *Schmeicheln))*. Die Helden können dadurch den Wahrheitsgehalt der bereits erhaltenen Informationen besser einschätzen und die militärische Lage beurteilen.
Etwa auf halber Strecke zwischen Yleha und Kolchis passiert die *Marbo* die Küstensiedlung San Torin. Commandante Delazar weiß zu berichten, dass der Ort bei der Invasion verschont wurde, da es sich um ein Schmugglernest handelt, das in den vergangenen Jahren von der Schwarzen Armada genutzt wurde, um den eigentlich verbotenen Handel zwischen dem Kemi-Reich und Al'Anfa zu ermöglichen. Sollte es den *Rabenkrallen* nicht gelingen, sich nach erfolgreicher Mission auf dem Landweg bis nach Kolchis durchzuschlagen, wäre San Torin eine aussichtsreiche Alternative, um ein Boot zu erbeuten, mit dem sie nach Kolchis, Qinsay oder Yleha gelangen können.

Der Weg nach Teernberg

Die *Marbo* erreicht Kolchis kurz vor Sonnenuntergang. Da die Zeit knapp ist, rät Commandante Delazar den *Rabenkrallen*, sich direkt am nächsten Morgen über die Straße nach Süden auf den Weg nach Teernberg zu machen. Er stellt ihnen eine Karte zur Verfügung, auf der die Umgebung von Teernberg und die nächstgelegenen Siedlungen und Küstendörfer verzeichnet sind.
Die Helden können den Abend nutzen, um mit einigen der Söldner zu sprechen, welche die Schlacht am Fluss Merit überlebt haben. Von diesen lässt sich erfahren, dass es entlang der Straße nach Süden noch zwei al'anfanische Versorgungsposten gibt, die während des Vormarsches errichtet wurden. Im Gebiet näher am Merit vermuten sie allerdings eine starke Streitmacht der Kemi. Die Veteranen der Schlacht übertreiben die tatsächliche Zahl und Kampfstärke des Gegners. Teils um die Schmach der eigenen Niederlage zu rechtfertigen, teils, weil ihnen die Übermacht der Kemi während der Schlacht tatsächlich so einschüchternd erschien. In Wahrheit ist der größte Teil der feindlichen Truppen bereits unmittelbar nach der Schlacht weiter gen Osten gezogen, um sich der al'anfanischen Streitmacht unter Marvana Zornbrecht bei Trus entgegenzustellen. Haben die Helden im vorangegangenen Abenteuer die Stellungen der Kemi bei Trus ausgekundschaftet, so können sie schlussfolgern, dass die tatsächliche Stärke des Feindes am Merit inzwischen wohl deutlich geringer ist als von den Söldnern vermutet.

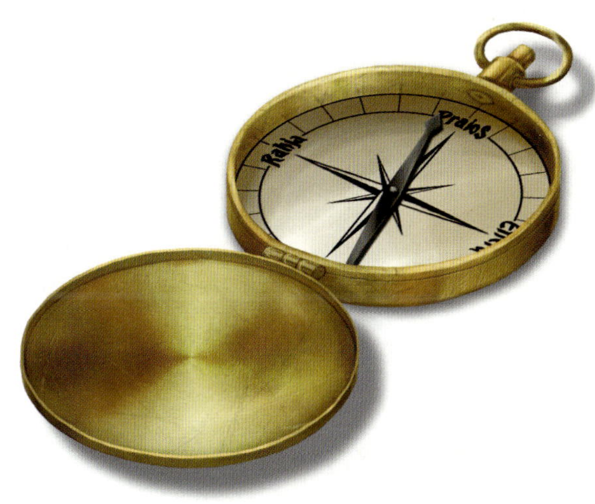

Kemi-Patrouille
MU 13 **KL** 11 **IN** 13 **CH** 11
FF 12 **GE** 13 **KO** 14 **KK** 14
LeP 34 **AsP** – **KaP** – **INI** 12+1W6
AW 7 **SK** 1 **ZK** 2 **GS** 7
Waffenlos: AT 13 **PA** 7 **TP** 1W6 **RW** kurz
Dolch: AT 13 **PA** 7 **TP** 1W6+1 **RW** kurz
Säbel: AT 13 **PA** 8 **TP** 1W6+3 **RW** mittel
Leichte Armbrust: FK 13 **LZ** 8 **TP** 1W6+6 **RW** 10/50/80
RS/BE: 3/0 (Lederrüstung) (Modifikatoren durch Rüstungen bereits eingerechnet)
Vorteile/Nachteile: Giftresistenz I, Krankheitsresistenz I, Verbesserte Regeneration (Lebensenergie) I / –
Sonderfertigkeiten: Aufmerksamkeit, Belastungsgewöhnung I, Finte I (Waffenlos, Dolch, Säbel), Wuchtschlag I (Waffenlos, Säbel)
Talente: Einschüchtern 6, Handel 4, Körperbeherrschung 10, Kraftakt 11, Menschenkenntnis 5, Selbstbeherrschung 10, Sinnesschärfe 12, Überreden 4, Verbergen 8, Wildnisleben 6, Willenskraft 8
Kampfverhalten: Kommt es zu einem Kampf, versucht die Patrouille, ihre zahlenmäßige Überlegenheit auszunutzen und gezielt einzelne Gegner auszuschalten.
Flucht: Verlust von 75 % der LeP
Schmerz +1 bei: 26 LeP, 17 LeP, 9 LeP, 5 LeP oder weniger

Begegnungen unterwegs

Die Strecke von Kolchis bis zum Merit können die *Rabenkrallen*, wenn sie der Dschungelstraße folgen und stramm marschieren, innerhalb eines Tages zurücklegen. Das zweite Wegstück, entlang des Merit in östlicher Richtung bis nach Teernberg, ist deutlich kürzer, doch gibt es keine ausgebauten Wege entlang des Flusses, sodass auch diese Etappe etwa einen Tag in Anspruch nimmt. Je nach Vorliebe deiner Spielrunde kannst du die Reise entweder relativ knapp abhandeln oder sie mit einigen zufälligen Begegnungen herausfordernder gestalten. Folgenden Begegnungen können die Helden nur aus dem Weg gehen, wenn sie von der kürzesten Route abweichen:

- Fünf Meilen von Kolchis entfernt treffen die *Rabenkrallen* auf den ersten Versorgungsposten, den General Sinthium auf seinem Vormarsch nach Süden anlegen ließ. Fünf Anhänger Prinzessin Rhôndas und fünf al'anfanische Söldner bewachen einige größtenteils leere Zelte und einen grob gezimmerten hölzernen Wachturm. Hier ist es seit Tagen ruhig, von Kemi-Soldaten bisher keine Spur.
- Nach weiteren fünf Meilen befindet sich ein weiterer Versorgungsposten am Straßenrand. Von den hier stationierten Kämpfern sind drei desertiert, die übrigen sieben sind nervös und überreizt. Sie berichten von beunruhigenden Geräuschen in den vergangenen Nächten, die von den Helden nach näherer Beschreibung aber als typische Tiergeräusche des nächtlichen Dschungels eingeordnet werden können. Auch hier hat man den Feind bisher weder gehört noch gesehen.
- Im Abstand von fünf Meilen finden sich Überreste weiterer Versorgungsposten, die jedoch fluchtartig verlassen wurden, vermutlich nachdem die Nachricht von der Niederlage am Merit eingetroffen ist.
- Die Furt über den Merit wird von zwei Dutzend feindlicher Kämpfer der Kemi bewacht, die mit Bögen ausgestattet sind und jeden kontrollieren, der versucht, den Fluss zu überqueren. Spätestens jetzt gilt es für die *Rabenkrallen*, ihre Verkleidung anzulegen und deren Tauglichkeit unter Beweis zu stellen (Probe auf *Verkleiden (Kostümierung)*). Nach dem triumphalen Sieg über die Invasoren platzen die Kemi vor Selbstbewusstsein und sind einzelnen Reisenden gegenüber, zumal wenn es sich augenscheinlich um Einheimische handelt, eher nachlässig. Auffällige Waffen, ein erkennbar nordaventurisches Äußeres oder ein untypisches Verhalten können aber dennoch ihr Misstrauen wecken und bedürfen einer glaubwürdigen Erklärung (ggf. Proben auf *Überreden (Herausreden, Manipulieren* oder *Schmeicheln)*. Alternativ können die Helden auch versuchen, die Furt zu meiden und den Fluss später an anderer Stelle zu überqueren. Der Merit verfügt jedoch über eine starke Strömung, weshalb es leicht geschehen kann, dass die *Rabenkrallen* abgetrieben werden und an unterschiedlichen Stellen am anderen Ufer landen (Probe auf *Schwimmen (Langstreckenschwimmen)* –2).
- Etwa eine Wegstunde westlich von Teernberg begegnen die Helden einer Kemi-Patrouille bestehend aus (Heldenanzahl +2) Soldaten, die sie gründlich, aber nicht unfreundlich nach dem Woher und Wohin befragt. Verfügen sie über eine intakte Verkleidung und gelingt es ihnen, eine glaubwürdige Geschichte vorzubringen, können sie ihren Weg nach kurzer Zeit fortsetzen. Schöpfen die Kemi hingegen Verdacht (oder legen die *Rabenkrallen* es darauf an), gilt es, die Patrouille zu überwältigen und anschließend die Spuren des Kampfes zu verwischen.

DIE SUCHE

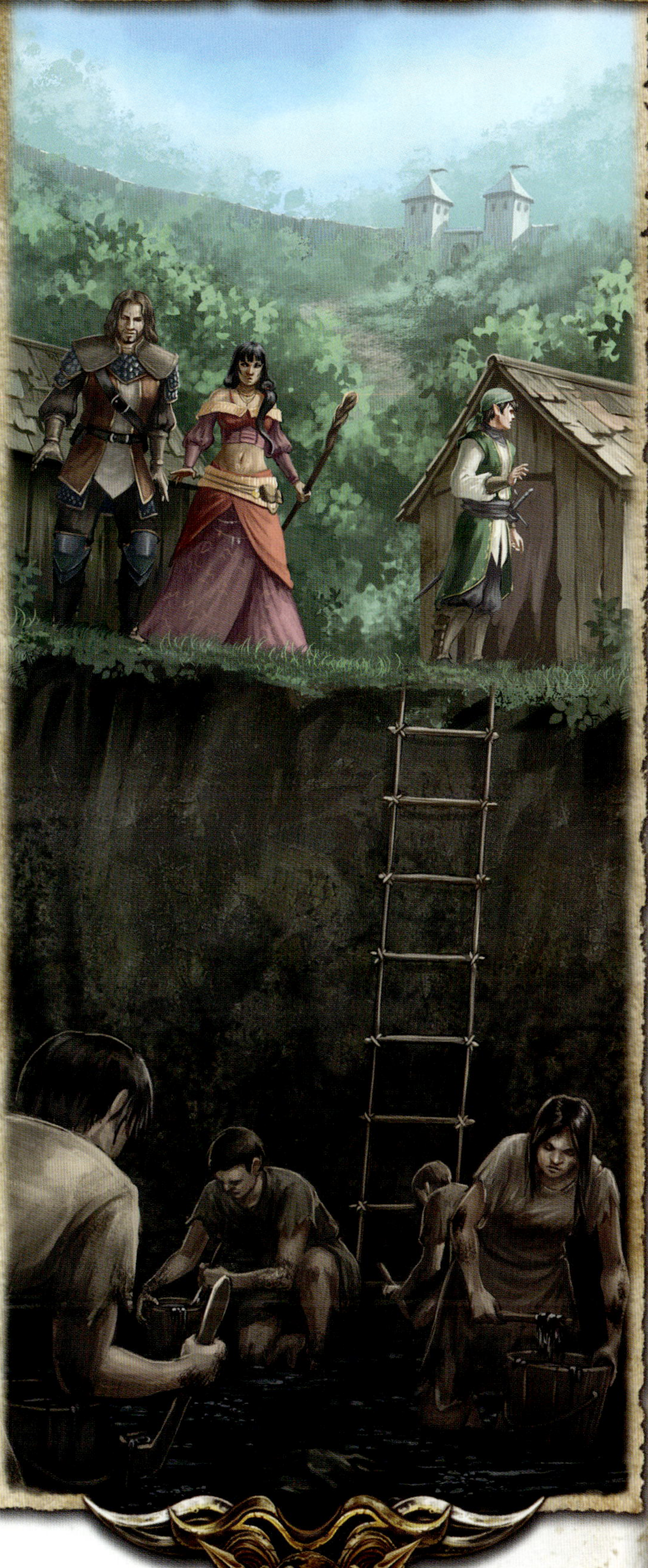

Zum Vorlesen oder Nacherzählen:
Endlich neigt sich eure Reise dem Ende zu. Der enge, gewundene Pfad durch die Ausläufer der Spinnenberge hat euch viel abverlangt und ihr sehnt euch nach etwas Ruhe und einer guten Mahlzeit. Vor euch liegt Teernberg, der Ort, an dem das sogenannte schwarze Gold für Reichtum und Wohlstand sorgen soll. Doch was sich hier vor euren Augen bietet, ist eine einzige Enttäuschung. Durch ein von Lianen und Moos bewachsenes Palisadentor betretet ihr das sogenannte Südfort; den Teil der Siedlung, der allen Besuchern zugänglich ist. Einige leidlich erhaltene Holzgebäude, die wohl Taverne und Hurenhaus darstellen sollen, heben sich aus dem schäbigen Konglomerat baufälliger Hütten, Unterstände und Bretterbuden ab, denen man nicht ansehen kann, ob sie Wohnstätten oder Läden sein sollen. In der Mitte dieses Alptraums befindet sich ein tiefer Krater, dessen steinige Wände voll schwarzen Pechs sind. Ein schmutziger, teerverklebter Gesell grinst euch an, als er über eine wacklige Leiter in die Tiefe der Mulde steigt, in der andere erbärmliche Gestalten mit Ästen, Löffeln und bloßen Händen die zähe schwarze Masse in Holzeimer füllen. Hier ist jedenfalls auf den ersten Blick kein Reichtum zu finden.

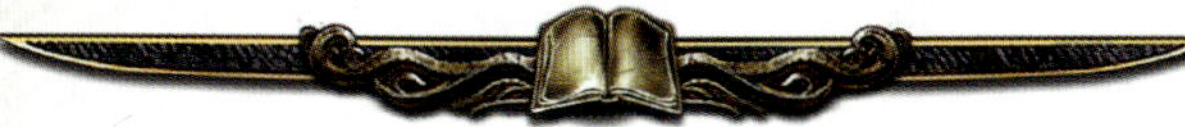

Teernberg liegt in den nordwestlichen Ausläufern der Spinnenberge am Oberlauf des Merit-Flusses und ist eine wirtschaftlich und militärisch bedeutsame Ansiedlung mitten im nordwestlichen Dschungel des Kemi-Reiches. Tief in den Stammlanden der elatreuen Familie Mes'kha-rê gelegen, gehört Teernberg zu den Gebieten des Kemi-Reiches, die der Eroberung und Besetzung durch die rhôndatreuen Rebellen und ihre al'anfanischen Verbündeten am längsten widerstehen dürften.

Der Name Teernberg geht auf die großen, leicht zu bewirtschaftenden Teerseen zurück, die in dieser Gegend den morastigen Boden des Regenwalds bedecken. Das „Schwarze Gold" ist ein unverzichtbarer Rohstoff für die horasische Flotte, die damit nicht nur ihre Kriegsschiffe kalfatert oder Fässer abdichtet, sondern die klebrige Substanz auch in großer Menge für das berühmte Hylailer Feuer verwendet.

Da die Horasier nicht willens und fähig sind, Königin Ela mit größeren Truppenkontingenten zu unterstützen, planen sie nun, den kem'schen Widerstand in diesen Gebieten durch regelmäßige Hilfslieferungen kampfkräftig zu erhalten und dadurch die Teerversorgung für die horasische Flotte zu sichern. Dazu bedarf es sicherer

Routen von den Küstengebieten ins loyalistische Gebiet und darüber hinaus – der Grund, weshalb sich der horasische Gesandte in Kemi, Mariano ya Strozza, durch die wilden, wenig erschlossenen Dschungel Nordkemis schlägt.

Der kostbare Rohstoff Teer wird von zwei Forts geschützt, von denen das nördliche durch eine beachtliche Anzahl elatreuer Elitesoldaten bewacht wird. Die schroffen und dicht bewachsenen Anhöhen um die Seen und Gebäude herum sind mit einer gut sechs Schritt hohen Palisade mit Wehrgang gesichert.

Im Schutz der Palisaden des Südforts sind im Laufe der Jahre Hütten und Gebäude entstanden, die den Bewohnern der Siedlung Läden, ein Bordell, eine Taverne und Unterkunft bieten. Die Bevölkerung umfasst neben den Soldaten und ihren Familien auch noch etwa zwanzig Glücksritter und Händler, die zumeist auf der Durchreise sind und nach Gelegenheiten Ausschau halten, den loyalistischen Kräften ihre Dienste anzubieten. Von Zeit zu Zeit rasten hier auch kleinere loyalistische Truppenkontingente samt Tross auf dem Weg zur Nordfront. Fremde fallen deshalb nicht besonders auf, sofern sie nicht zu offensichtlich an der Begeisterung für Königin Ela und Chanya Al'Plâne Anstoß nehmen.

Das Tor zum Südfort wird bei Nacht ohne Ausnahme geschlossen gehalten und von zwei Gardisten bewacht, die Neulinge darauf hinweisen, dass offenes Feuer in der Nähe der Pechgruben mit dem Abschlagen der Hand bestraft wird. Die Wächter hindern bei Tag niemanden am Betreten des Südforts, da die dort liegende Teergrube beinahe erschöpft und für alle freigegeben ist, was gut ein Dutzend ausgemergelter, pechschwarz gefärbter Gestalten nutzen, die am Grund der großen Teergrube mit Eimern und Löffeln das kostbare Gut bergen.

Teernberg
Region: Fort im Landesinneren des Kemi-Reiches
Einwohner: 45, dazu noch etwa 50 loyalistische Soldaten im Nordfort
Herrschaft: Kommandant Hotep Âken'ptah
Tempel: Boronschrein im Südfort, Borontempel im Nordfort
Handel und Gewerbe: Teergewinnung
Stimmung in der Stadt: Sieht man von den durchreisenden Profitgeiern, Glücksrittern und Dieben ab, ist man in Teernberg zuversichtlich, der „Verräterbrut Rhôndas und deren al'anfanischen Verbündeten eine blutige Schelle verpassen“ zu können, falls diese vor den Toren der Siedlung auftauchen sollten. Die Moral der Soldaten ist hoch, ihre Treue zu Königin Ela unerschütterlich.

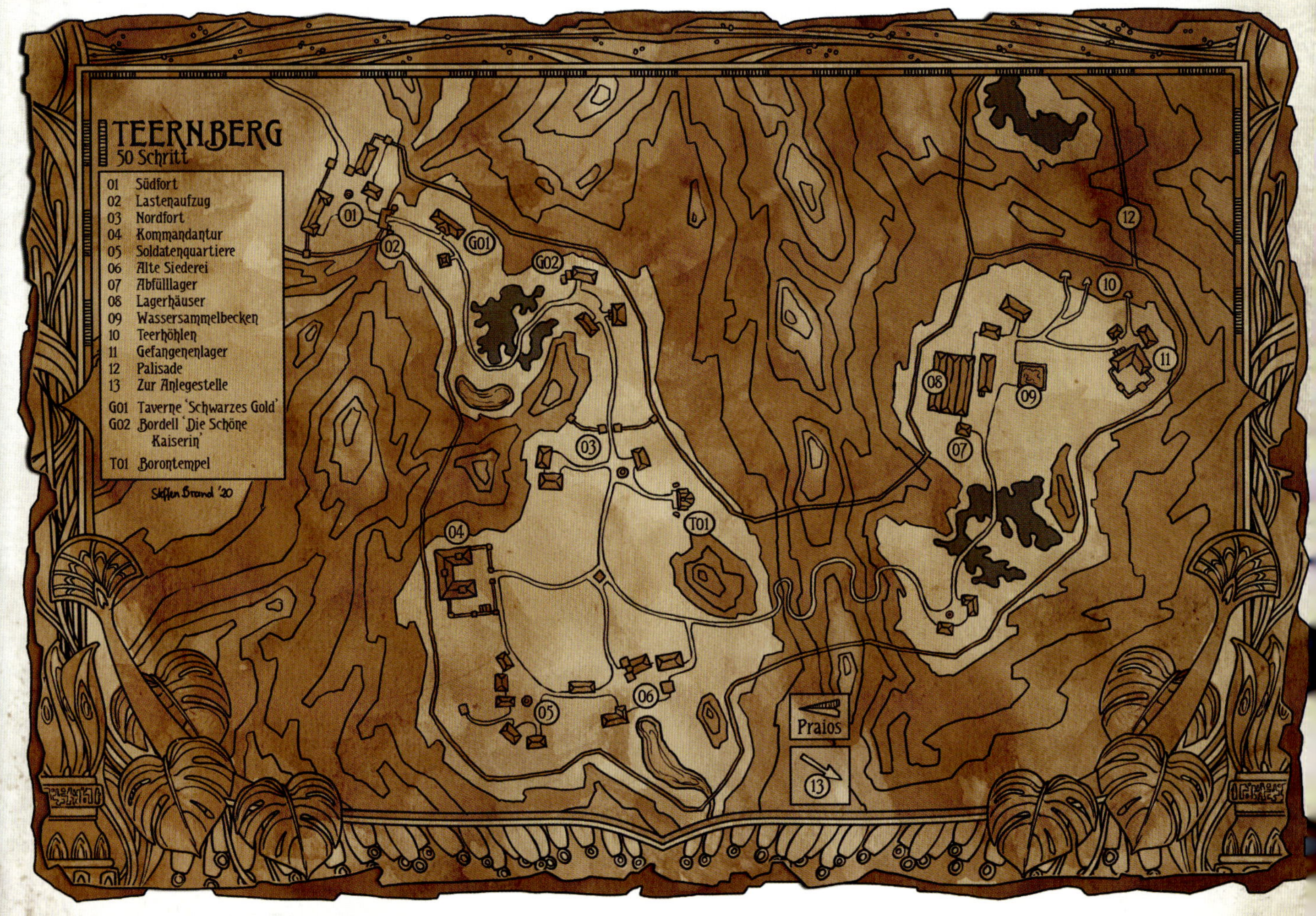

Südfort (1)

Das Südfort hat sich nach dem Erschöpfen der Teergrube in diesem Bereich zu einer Kleinsiedlung entwickelt, die den hier lebenden Zivilisten als Arbeits- und Wohnstatt dient. Die vor Ort stationierten Soldaten suchen in ihrer Freizeit hier Zerstreuung und Ablenkung. Neben den noch gut instand gehaltenen Holzgebäuden des alten Forts drängen sich notdürftig gedeckte Hütten, eilig zusammengezimmerte Baracken und provisorisch überdachte Schlaf- und Lagerplätze. Sogar improvisierte Läden oder Stände kann man finden, wo größtenteils Tand und schlechtes Werkzeug angeboten wird. Der Zutritt ist nur bei Tag möglich; bei Dunkelheit wird das Tor unter keinen Umständen geöffnet werden.

Lastenaufzug (2)

Um tiefer in die Siedlung zu gelangen, muss man eine schmale, zwanzigstufige Steintreppe erklimmen, die parallel zu einem Lastenaufzug durch einen schroffen Felsdurchbruch führt. Der Aufzug ist eine einfache, dicke Holzplattform, groß genug für eine Kutsche samt Gespann, die bei Bedarf über dicke Seile und Rollen bewegt werden kann.

Nordfort (3)

Das Tor zum Nordfort wird links und rechts von zwei gut fünfzehn Schritt hohen, fensterlosen Holztürmen aus bewacht, die auch die Anhöhen um die Siedlung herum überragen. Die sechs Schritt hohe Palisade ist nach oben hin angespitzt und im Inneren mit einem Wehrgang ausgestattet. Das zweiflüglige, fünf Schritt hohe Tor ist verriegelt und wird nur geöffnet, wenn Fracht oder Menschen ins Fort hinaus oder hinein wollen. Die Türme und die Palisade sind jederzeit von mindestens sechs Soldaten besetzt.

Kommandantur (4)

Das hufeisenförmige, im Kolonialstil errichtete Gebäude ist der imposanteste Bau im Nordfort. Das im Erdgeschoß mit umlaufenden Säulen verzierte Haus besteht als einziges Gebäude im Fort aus Stein, ist drei Stockwerke hoch und mit einem schmiedeeisernen, zwei Schritt hohen Zaun umgeben. Vor dem Bau steht ein gut zehn Schritt großer Fahnenmast, an dem das kem'sche Banner die Wichtigkeit des Gebäudes unterstreicht. Entlang des Zauns wuchern nur unzureichend zugeschnittene, jedoch farbenprächtige Hibiskusbüsche und Rhododendren.

Der Zugang zur Kommandantur selbst erfolgt durch ein Tag und Nacht offenstehendes, zweiflügliges Holztor in der Mitte des Südflügels. Der kurze Korridor endet an einer großen Treppe, die in die oberen Stockwerke führt. Nach Osten führt eine geschlossene Holztür, hinter der sich der Abort, Vorratsräume und eine kleine Küche befinden. Nach Westen hin ist der Durchgang in einen ständig von einem Wächter besetzen Wachraum offen, wo ein breiter Holztisch, ein Waffenregal und eine große Alarmglocke die Einrichtung komplettieren. In den Räumen hinter dem Wachraum liegt ein Schlaf- und Ruheraum für bis zu zehn Soldaten.

Im ersten Stock befinden sich unter anderem die vier Gästequartiere des Gebäudes. Die Räume sind recht bequem mit je einem breiten Bett, einem Schrank, zwei Truhen und einem Tisch mit drei Stühlen eingerichtet. Drei der Zimmer sind aktuell nicht belegt; doch im letzten Raum in Richtung Ostflügel hat der horaskaiserliche Capitan *Olivio de Saroni* (24, attraktiv, groß, muskulös, lockiges blondes Haar, gepflegter Bleistiftbart, passionierter Fechter und Liebhaber; Werte siehe Seite **29**) sein Quartier gefunden. Der Baderaum am Kopfende der Treppe beinhaltet einen großen Holzzuber, eine breite Bank und mehrere Regale mit Tüchern, Seife, Eimern und Badeessenzen.

Im Westflügel des Obergeschosses hat der Kommandant von Teernberg, *Hotep Âken'ptah* (53, groß, kräftig, laute Stimme, erfahrener Veteran, fanatischer Loyalist; Werte siehe Seite **29**) sein Quartier. Der karg eingerichtete Wohn- und Schlafraum des Kommandanten liegt neben seiner Schreibstube, die mit drei großen, mit Schriftrollen vollgestopften Regalen und einem schweren, mit Papieren überladenen Mohagoni-Schreibtisch mehr als gut gefüllt ist.

Im Ostflügel befinden sich die beiden Räume des Garnisonsschreibers *Amen'ká* (61, Kemi, dicklich, Glatze, pedantisch, schätzt Seidenkleidung und Schmuck; Geschichtswissen 11 (13/13/12), Sagen & Legenden 12 (13/13/12), Willenskraft 9 (12/12/12), SK 1). Sein Wohnraum ist geschmackvoll im tulamidischen Stil eingerichtet. Die um einen niedrigen Holztisch aufgebaute Kissenlandschaft lädt ebenso zum Verweilen ein wie der dicke, hellgrüne Teppich und die wunderbar gearbeitete, silberne Wasserpfeife. Die Wände zieren dezente Landschaftsstudien des Regenwalds und einige selbstverfasste Gedichte in Alt-Kemi. Hinter einer blickdichten aranischen Wand steht ein niedriges, breites Bett.

Die nördlich des Wohnraums gelegene Schreibstube enthält ein Stehpult und ein Regal, in dem sich neben Mannschaftslisten und Soldtabellen auch die Hauptbücher und das Archiv des Forts befinden. Eine ein Schritt breite und einen Spann hohe, verschlossene Truhe enthält geheime Unterlagen. Der Raum ist aufgeräumt und zeugt von einer von Effizienz und Ordnung geprägten Arbeitsweise.

Soldatenquartiere (5)

Die Mehrzahl der Soldaten des Forts lebt, teilweise mit ihrer Familie, innerhalb der Palisade des Nordforts. Die Blockhütten sind nicht sonderlich groß, aber trocken und nur mit dem Nötigsten eingerichtet.

Alte Siederei (6)

In diesem heruntergekommenen Blockhaus am östlichsten Rand des Forts war die erste Teersiederei der Siedlung eingerichtet. Diese wurde jedoch schon vor Jahren aufgegeben, da die Hauptvorkommen inzwischen im Norden der Befestigung liegen. Das zwischen wild wuchernden Farnen, Lianen und Sträuchern liegende Gebäude wurde nach seiner Aufgabe ausgeräumt und dem Verfall überlassen. Lediglich drei rostige

Siedekessel und ein beweglicher Flaschenzug sind im Inneren verblieben.

Abfülllager (7)
Das Abfülllager ist ein einfaches Blockhaus im Nordabschnitt des Nordforts. Im Inneren befinden sich mehrere Siedebecken und Filtrieranlagen, um den Teer vorzureinigen und in eine transportfähige Konsistenz zu bringen. Zahlreiche leere Fässer bieten bei Bedarf gute Versteckmöglichkeiten, auch wenn die Luft unerträglich heiß und aufgrund des Gestanks schwer zu atmen ist.

Lagerhäuser (8)
In jedem der drei großen, hölzernen Lagerhäuser stehen drei einfache, flache Kutschen und auf den Abtransport wartende Fässer in langen Reihen. Werkzeugregale, Tuchballen, Wasserfässer und eine kleine Schmiede vervollständigen die Einrichtung. In einem abgetrennten Bereich sind drei Pferde in Boxen untergebracht.

Zisterne (9)
Die Zisterne ist ein großes, gemauertes Becken aus Stein, in dem der regelmäßig fallende Regen gesammelt wird. Um das Wasser vor Verunreinigungen zu schützen, ist sie mit einer großen Bahn Segeltuch abgedeckt.

Teerhöhlen (10)
Im nordwestlichen Teil des Nordforts führen mehrere natürliche Gänge durch die schroffen, scharfkantigen Felsen, die den Ort umgeben. Die Stollen öffnen sich zu einer sumpfigen Lichtung, die größtenteils von einem Teersee eingenommen wird – die derzeitige Hauptförderstelle von Teernberg. Wegen der Ausdünstungen und der leicht flüssigen Konsistenz des Pechs ist offenes Feuer hier sehr gefährlich und wird nur äußerst sparsam eingesetzt. Die stickige Luft in dem kleinen Talkessel ist schwer und von üblem Geruch (*Selbstbeherrschung (Störungen ignorieren)*, bei Misslingen 1 Stufe *Betäubung* für 1 Stunde). Nur wenig Sonnenlicht verirrt sich an diesen unangenehmen Ort. Über einen unscheinbaren, durch dichte Vegetation nur sehr schwer auffindbaren Stollen (*Sinnesschärfe (Suchen)* –3) im Nordosten erreicht man schließlich ein stabiles, mit einem Hubriegel und einem komplizierten Schloss gesichertes Holztor (*Schlösserknacken (Bartschlösser)* –2), das etwa eine halbe Meile nordöstlich des Forts ins Freie führt. Über die Torschlüssel verfügen nur Kommandant Hotep Âken'ptah und sein Schreiber Amen'ká.

Gefangenenlager (11)
Im Gefangenlager, einer grob mit Palmblättern abgedeckten Ansammlung von Käfigen, sind derzeit siebzehn Verbrecher inhaftiert, deren Vergehen schwerer Art sind, wie beispielsweise Verrat, Subversion, Mord oder Götterlästerung. Die Kemi-Soldaten gehen mit dem „Abschaum" nicht gerade zimperlich um: Die Rationen sind karg und die Strafen hart. Der Dienst beginnt für die Gefangenen bei Sonnenaufgang und erst bei Einbruch der Dunkelheit werden sie in die Zellen zurückgetrieben. Westlich des Lagers befinden sich ein kleines, bei Tag unbesetztes Wachhaus und ein nicht mehr genutztes, größeres Blockhaus, das als Schreibstube und Verhörzimmer dient. Auf dem Platz vor dem Lager befindet sich ein hohes, fünf Schritt breites Holzgerüst, das als Galgen verwendet wird.

Palisade (12)
Die durchgehend mit einem Wehrgang versehene Palisade ist überall in gutem Zustand, fünf bis sechs Schritt hoch und nach oben hin angespitzt. Die Wächter patrouillieren Tag und Nacht in aufmerksamen Zweiergruppen.

Anlegestelle (13)
Etwa eine halbe Meile nordöstlich vom Fort liegt die Anlegestelle am schlammigen Ufer des Merit-Flusses. In einem nach Süden offenen Lagerschuppen stehen Fässer, Kisten, Tuchballen, Netze und verschnürtes landwirtschaftliches Gerät zum Abtransport bereit. Ein gut zwei Schritt breiter, zehn Schritt langer, stabiler Anleger aus grobem Holz dient als Anlegestelle für die Flöße und Boote, die hier in unregelmäßigen Abständen anlanden, um ihre Waren über den Merit-Fluss und die Torina zu verschiffen.

Borontempel (T01)
Der kleine, aber stilvolle Borontempel liegt am Nordrand einiger kleinerer Reisfelder. Das aus dunklem Basalt errichtete Gebäude ist zu den Boronsdiensten gut gefüllt, und das nicht nur wegen der üblicherweise recht originellen Predigten der Geweihten ♟ *Mirhiban Sánchez Delatrar* (32, sehr klein, Glatze, energisch, pragmatisch, resolut); auch die Kühle des dunkel gehaltenen Gebäudes übt eine starke Anziehungskraft aus.

Taverne Schwarzes Gold (G01)
Das ehemalige Lagerhaus (Q3/P2/S8) wurde mit dicken, übereinandergestapelten Holzstämmen und einem einfachen, mit Teer abgedichteten Schindeldach errichtet. Der Inhaber, ♟ *Alessio Javiero* (23, Brabaker, groß, kräftig, breitschultrig, wilde rote Mähne und Vollbart, freundlich, ehrlich; Handel 11 (12/13/13), Willenskraft 9 (13/13/13), SK 1), hat an verschiedenen Stellen Fensteröffnungen hineinsägen lassen, sodass Tageslicht das einigermaßen saubere Innere der Kneipe erhellen kann. Die Einrichtung des immer gut besuchten Lokals ist schlicht und schmucklos und besteht lediglich aus drei langen Holztischen mit Bänken und einer Theke, hinter der ein abgetrennter Bereich zur Küche und den Privatgemächern des Wirtes führt. Eine steile Holztreppe führt nach oben in den einfachen, fensterlosen Schlafsaal, der saubere Strohlager für insgesamt acht Personen bietet.

Bordell Die schöne Kaiserin (G02)
Die schöne Kaiserin (Q5/P5/S5) ist ein Etablissement aus schweren roten Stoffen, noch schwereren, süßen Düften und schummrigem Dämmerlicht. Fadenscheinige Möbel, traurige Pflanzen und abgewetzte Teppiche stellen

wild zusammengewürfelt das dar, was für den Besitzer des Etablissements, den Achaz ♟ *Szzreck* (1,65, schmal, grüngeschuppt, trägt eine Toga aus rosa Samt und eine weiße Allongeperücke; Betören 10 (14/15/15), Handel 12 (13/15/15), Verkleiden 9 (15/15/13), Willenskraft 13 (14/15/15), SK 3), ein „stimmungsvolles Ambiente" ist. Untergebracht in der alten Südkaserne, schließen sich an den Empfangsraum kleinere Kammern an, in denen man allerlei Freuden genießen kann. Die Preise sind nicht gerade günstig, aber die Qualität der Liebesdienste, des Rauschkrauts und des Alkohols ist erstaunlich hoch.

Nachforschungen in Teernberg

Wenn die Heldinnen in Teernberg eintreffen, hat Hamida bereits wertvolle Erkenntnisse gewonnen, um den Gesandten aufspüren zu können. Marvanas Schlägern war hingegen weniger Erfolg beschieden. Beide Parteien haben zudem Spuren hinterlassen, die den *Rabenkrallen* bald klarmachen, dass sie nicht die Einzigen sind, die Mariano auf den Fersen sind.

Die Anführerin von Marvanas Haufen, ♜ *Daria*, hält sich aufgrund ihres entstellten Aussehens von Teernberg fern und schickte ihre rechte Hand, den eher grobschlächtigen ♟ *Alfonso de la Puente*, zu Nachforschungen in die Siedlung – sie möchte nicht, dass die Heldinnen ihre Gruppe verfrüht bemerken. Alfonso hat sich bei seiner Mission allerdings derart ungeschickt angestellt, dass er nicht nur nichts Bedeutendes in Erfahrung bringen konnte, sondern das Dorf überstürzt verlassen musste, um der Garde zu entkommen. Marvanas Söldnern bleibt nun nichts anderes übrig, als in ihrem Dschungellager etwa eine Meile östlich von Teernberg auszuharren und sich später den – hoffentlich – erfolgreicheren Heldinnen an die Fersen zu heften.•

Hamida saba Heshinna hingegen war erfolgreicher: Als vermeintliche Prostituierte gelang es ihr, den Capitan der Eskorte Marianos zu verführen, und, während er in erschöpftem Schlaf lag, seine Kartentasche zu durchsuchen. Wenn die *Rabenkrallen* in Teernberg eintreffen, ist Hamida bereits auf dem Weg nach San Torin.

♟ *Jorge Nebelberger* hingegen empfand es als unter seiner Würde und seinen Fähigkeiten, seinem Opfer durch das banale Befragen von Schankwirten und Teersammlern auf die Spur zu kommen. Seiner Theatralik und Selbstverliebtheit entsprechend ist er ins Nordfort eingebrochen und hat dort den Majordomus des Forts in seine Gewalt gebracht, um diesen nach allen Regeln der Kunst zu den Plänen Marianos zu befragen. Dadurch ist er den *Rabenkrallen* nur ein paar Schritte voraus.

Mariano ya Strozza selbst ist nicht mehr in Teernberg. Nachdem er seine Verhandlungen mit Kommandant Âken'ptah schnell und erfolgreich abschließen konnte, wurde er, um etwaige Verfolger abzuschütteln, in tiefster Nacht von diesem über den Fluchtgang aus dem Fort zu einem Boot gebracht, das ihn mit drei seiner Soldaten über den Merit und die Torina nach San Torin bringen soll. Die andere Hälfte seiner Eskorte hat der Gesandte trotz Sicherheitsbedenken zur Täuschung von Spionen und Verfolgern im Fort zurückgelassen.

• Sollte Daria bereits in Der Biss der Spinne zu Tode gekommen sein, führt stattdessen Alfonso die Kopfgeldjäger an.

Sprechen die Heldinnen mit den Einwohnern Teernbergs, können sie eine Reihe von Gerüchten und Vermutungen aufschnappen.

Der Krieg ...

1 ... läuft gut für die Seite Königin Elas. Die Al'Anfaner laufen wie die Hasen und sind bis Qinsay zurückgedrängt worden. (+)

2 ... Oderin und Rhônda strecken Friedensfühler aus. Die Niederlagen von Trus und am Merit haben das Invasionsheer völlig aufgerieben. (–)

3 ... ist so gut wie verloren. Die Herrschaft hier lügt, was das Zeug hält. Chanya Al'Plânes Heer wurde in Trus in die Falle gelockt und geschlagen. Die Rebellen kontrollieren inzwischen ganz Yleha und werden nun ohne großen Widerstand nach Süden vorstoßen können. (+/–)

4 ... Königin Ela hat ihre Schwester zum Duell gefordert, um die Sache auf rondrianische Weise zu regeln. Der Krieg wird in den nächsten Tagen ein Ende finden. (–)

5 ... Die Al'Anfaner stecken in Schwierigkeiten. Die Horasier sammeln eine große Flotte und stehen zudem in Bündnisverhandlungen mit dem

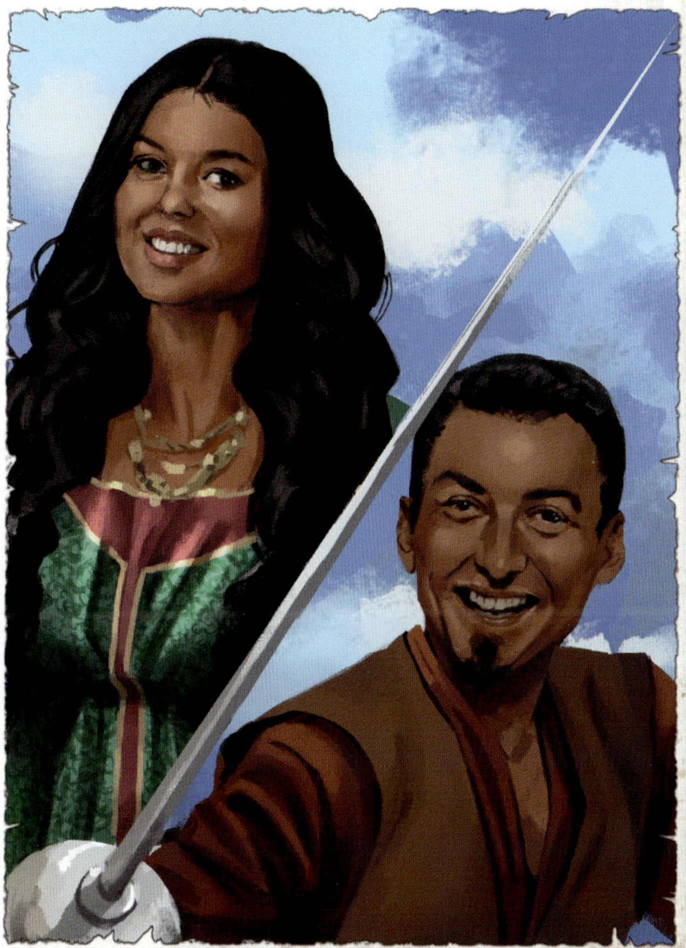

Bornland und Khunchom. In wenigen Tagen werden die Loyalisten massive Verstärkung erhalten. (-)

6 ... Die Ylehi haben die Krone verraten. Sie sind mit fliegenden Fahnen zu Rhônda übergelaufen. Diese falschen Schlangen sind der letzte Nagel in Elas Sarg. (+)

Der Horasier ...

1 ... ist auf der Flucht. Man sagt, er sei der Liebhaber Königin Elas gewesen, der nach ihrer Verwundung nun versucht, wenigstens seine Haut zu retten. (-)

2 ... ist ein al'anfanischer Spion, der die Teerproduktion sabotieren sollte. Er wurde gestern im Nordfort hingerichtet. (-)

3 ... wurde seit seiner Ankunft hier nicht mehr gesehen. Ein Soldat seiner Eskorte ist aber auf jeden Fall noch hier und sorgt für Umsatz im Bordell. (+)

4 ... ist ein vielgefragter Mann. Ihr seid nicht die Ersten, die nach ihm gefragt haben. In der Taverne und im Freudenhaus erfahrt ihr sicher mehr. (+)

5 ... hat sich im Nordfort versteckt. Offenbar sind einige Leute hinter ihm her; man denke nur an den Al'Anfaner, der im Schankhaus aufgetaucht ist. (+/-)

6 ... Horasier? Welcher Horasier? (-)

Informationen ...

Durch Marianos Geheimmission und Alfonsos brutalen Überfall auf den Kneipenwirt ist auch im Südfort die Präsenz der kem'schen Soldaten verstärkt worden. Es ist nicht unwahrscheinlich, dass die Heldinnen von einer der Patrouillen angehalten und gründlich befragt werden, wann sie in Teernberg angekommen seien, woher sie stammen, was der Grund ihres Aufenthalts sei und wo sie sich am gestrigen Morgen aufgehalten hätten. Selbstverständlich sollten die Heldinnen an dieser Stelle kein zu großes Interesse am horasischen Gesandten zeigen.

... im Südfort

Sprechen die *Rabenkrallen* mit den Pechschöpfern oder anderen Bewohnern der Stadt, erfahren sie, dass ein hoher Gast mit einer Eskorte von sechs prächtig herausgeputzten Soldaten vor drei Tagen eingetroffen sei. Er sei vom Garnisonschreiber Amen'ká am Tor zum Nordfort empfangen und ohne weitere Umschweife eingelassen worden. Die Beschreibung passt auf Mariano ya Strozza, der sich keine Mühe gegeben hat, seine Identität zu verbergen. Niemand der Befragten hat die Delegation den Ort verlassen sehen.

... im „Schwarzen Gold"

Tagesgespräch im Dorf ist der brutale Überfall auf den alten *Eladrio Javiero* (68, hager, zahnlos, wache Augen, weiße, wallende Mähne und Bart; Handel 11 (13/13/13), Willenskraft 8 (13/13/13), SK 2), den Wirt des *Schwarzen Goldes*. Bereitwillig erzählt man den Heldinnen, dass er am Vorabend von einem ausländischen Söldner übel verprügelt worden sei. Über den Grund des Überfalls kursieren abenteuerliche Gerüchte: Der Fremde sei über die Qualität des Essens erzürnt gewesen, er sei ein walwütiger Thorwaler gewesen, ein prahlerischer Anhänger Rhôndas oder einfach nur ein Schlagetot, der die in der Taverne anwesenden Dorfschönheiten beeindrucken wollte.

In der Taverne finden die Heldinnen Eladrios Sohn Alessio hinter der Theke. Der junge Mann wirkt bedrückt und abweisend, ist kurz angebunden. Gelingt es, sein Vertrauen zu gewinnen oder ihn anderweitig zum Sprechen zu bringen (Probe auf *Betören (Anbändeln)* +1, *Einschüchtern (Drohung)* –1 oder *Überreden (Manipulieren* oder *Schmeicheln))*, wird er die Geschichte des Überfalls auf seinen Vater bestätigen. Er sei nicht dabei gewesen, wisse aber, dass der Fremde sich nach dem horasischen Herrn erkundigt habe, der vor drei Tagen in Teernberg eingetroffen sei. Als sein Vater darüber keine Auskunft geben wollte, sei der Schläger wütend geworden und habe unter wüsten Flüchen auf den alten Mann eingedroschen. Noch ehe die Garde eingetroffen sei, sei der Schurke aus dem Dorf verschwunden.

Treten die Heldinnen nicht zu bedrohlich auf, ist Alessio bereit, sie zu seinem Vater zu bringen, der in einer kargen Kammer hinter der Küche in einem grob gezimmerten Bett liegt. Der alte Eladrio Javiero sieht furchtbar aus: Sein Gesicht ist geschwollen, die Arme weisen schillernde blaugrüne Flecken auf, verkrustetes Blut verklebt die Haare auf der Stirn. Dennoch kann der Wirt eine recht detaillierte Beschreibung Alfonso de la Puentes abgeben. Auch ist er sich aufgrund des Dialekts des Angreifers sicher, dass dieser aus Al'Anfa stammen müsse. Er kann sich zudem an ein weiteres, aufschlussreiches Detail erinnern: Als der linke Hemdsärmel des Schlägers im Eifer der Prügelei nach oben rutschte, konnte Eladrio ein wappenartiges Brandzeichen erkennen, das einen aufrechtstehenden Löwen zeigte – das Wappen des Hauses Zornbrecht.

Befragen die Heldinnen die Wirtsleute zu Mariano ya Strozza, wissen diese ebenfalls zu berichten, dass jemand, auf den Marianos Beschreibung passt, vor drei Tagen eingetroffen und ins Nordfort vorgelassen worden sei. Ob der hohe Herr sich noch vor Ort befindet, wissen sie nicht, gehen aber davon aus, da die Delegation das Nordfort bislang nicht wieder verlassen habe.

... in der „Schönen Kaiserin"

Im Bordell *Zur Schönen Kaiserin* platzen die Heldinnen in eine kleine private Feier. Die Prostituierte *Talima* (21, Kemi, stark geschminkt, sehr attraktiv, teure, dünne Seidenkleidung im tulamidischen Stil; Vorteil Gutaussehend I, Betören 14 (13/15/15), Willenskraft 12 (13/14/15), SK 2) stößt gerade mit ihren Kollegen *Daron* (20, groß, etwas füllig, puppenartiges Gesicht, blonde Locken, Lendenschurz; Betören 11 (14/13/13), Willenskraft 12 (14/14/13), SK 1), *Nata-he-ta* (25, Waldmenschenfrau vom Stamm der Mohaha, Ganzkörpertätowierungen, dunkle Augen, glattes, schwarzes Haar, dünne, weiße Tunika; Betören 13 (14/14/14), Willenskraft 10 (14/13/14), SK 1) und

♙ *Mombert* (33, herb, hager, Zahnlücke, braunes, halblanges Haar, Lederhose und weit geöffnetes Lederwams; Betören 10 (15/13/13), Willenskraft 13 (15/13/13), SK 1) mit teurem Wein „auf die hohen Herrschaften aus dem Horasreich" an. Unter den wachen Augen des Bordellbesitzers Szzreck machen sie sich allerdings sofort daran, den Heldinnen ihre Dienste anzubieten. Die folgende private oder öffentliche Befragung der Prostituierten nach eventuellen horasischen Gästen kann mittels eines bescheidenen Bestechungsgelds oder anderer Überzeugungstechniken (*Etikette (Benehmen)* -1 oder *Überreden (Schmeicheln)* -2) das Geheimnis lüften. Laut den Liebesdienern und Liebesdienerinnen sei vor drei Tagen eine durchreisende Kollegin namens Alrike Sturmfels an Talima herangetreten. Für fünf ganze Goldstücke sollte diese ihr ihre Kammer und den Hauptmann der Leibwache eines Gecken aus dem Horasiat überlassen, der am Abend hier vorbeischauen würde. Talima habe natürlich in den Vorschlag eingewilligt, ohne weiter nachzufragen und sich die Nacht freigenommen. Am nächsten Tag sei Alrike schon nicht mehr im Hurenhaus gewesen. Wohin die Frau gegangen ist, wissen die Prostituierten nicht, können den Heldinnen Hamida aber genau beschreiben.
Auch in der *Schönen Kaiserin* weiß man zu Mariano nur, dass er vor drei Tagen samt einer sechsköpfigen Eskorte angekommen sei und sich seitdem wohl im Nordfort aufhalte.

... durch Gefangene
Natürlich können die Heldinnen versuchen, Angehörige der Fortbesatzung zu überwältigen und zu verhören. Soldaten und Bedienstete verlassen die Befestigung von Zeit zu Zeit, um Erledigungen im Dorf zu machen, Familienangehörige zu besuchen oder im Bordell beziehungsweise der Taverne Zerstreuung zu suchen. Aus diesen Quellen erfahren die *Rabenkrallen*, dass der horasische Gesandte zusammen mit einer sechsköpfigen Eskorte vor drei Tagen in Teernberg angekommen sei und sich sogleich mit Kommandant Âken'ptah und dessen erstem Schreiber Amen'ká zu Verhandlungen zurückgezogen habe. Die Heldinnen können zudem erfahren, dass sich die Eskorte des Gesandten noch im Fort befindet; Mariano hingegen sei seit zwei Tagen nicht mehr gesehen worden.
Sollten die Heldinnen die Fortbesatzung befragen, müssen sie äußerst diskret vorgehen, da damit zu rechnen ist, dass das Verschwinden von Soldaten oder Bediensteten angesichts des hohen Besuchs und Alfonsos ungeschicktem Auftritt im Fort schnell auffallen wird (*Etikette (Klatsch & Tratsch)*). In diesem Fall wird Kommandant Âken'ptah mindestens zwei Dreierpatrouillen aussenden, die das Dorf nach dem Verschwundenen durchkämmen und alle Fremden vorläufig zum Verhör festsetzen.

Die Nadel im Heuhaufen

Den Heldinnen sollte nun klar sein, dass die Information über das nächste Ziel Marianos nur im Nordfort zu finden ist. Das Eindringen in die gut gesicherte Befestigung ist kein leichtes Unterfangen, da die hier stationierten Soldaten durch den Vorfall im *Schwarzen Gold* in höchster Alarmbereitschaft sind. Da die Besatzung des Nordforts zudem samt und sonders aus erfahrenen Veteranen besteht, müssen die Heldinnen hier sehr vorsichtig vorgehen.
Letztlich dürften nur drei Möglichkeiten bleiben, in das Fort einzudringen: durch das Haupttor, über die Palisade oder durch den geheimen Fluchttunnel.

Das Haupttor
Nehmen sich die Heldinnen einige Stunden Zeit, um das Treiben am Tor zu beobachten, können sie einen guten Eindruck vom Ein- und Auslassprozedere gewinnen. Drei- bis viermal am Tag wird das Tor für eingehende und ausgehende Warenlieferungen geöffnet. Die Kutschen sind meist recht abenteuerlich beladen, die Torwächter lassen sich Zeit bei der Durchsuchung der Fracht. Es ist offensichtlich, dass die Wächter und die Lieferanten sich persönlich kennen, Letztere erscheinen niemals unangemeldet am Tor. Wollen die Heldinnen diesen Weg wählen, müssen sie zunächst einen Warentransport für das Fort anhalten; idealerweise noch vor der Ankunft im Südfort Teernbergs. Sodann müssen sie den Lieferanten davon überzeugen, sie in das Fort zu schmuggeln. Hierbei kann eine großzügige Belohnung die besten Dienste leisten (*Überreden (Manipulieren)* -1). Drohungen und Einschüchterung mögen zwar auch zum Ziel führen, doch es ist sehr wahrscheinlich, dass ein auf diese Weise gefügig gemachter Lieferant die Heldinnen bei nächstbester Gelegenheit den Wachen melden wird (*Menschenkenntnis (Motivation durchschauen)*). Da die Torwächter zu gründlichen Stichproben neigen, ist auch bei der Wahl der Verstecke Kreativität gefragt. Denkbar wäre beispielsweise ein besonders übelriechendes, klebriges Teerfass, eine enge, mit Reis angefüllte Kiste, ein Berg stinkender, klebriger Lumpen für die Gefangenen oder auch die Unterseite einer von Fliegen umschwirrten Rinderhälfte. Während der Durchsuchung der Fracht am Tor ist von den Heldinnen eiserne Selbstbeherrschung gefordert: Jede noch so kleine Bewegung, jedes noch so leise Geräusch könnte ihre Tarnung auffliegen lassen (*Verbergen (sich Verstecken)* -1). Die Proben können erleichtert werden, wenn die Heldinnen auf den Gedanken gekommen sind, in der Nähe des Tors für Ablenkung zu sorgen. Eine inszenierte Prügelei zwischen einigen heruntergekommen Gestalten des Südforts, die für ein paar Münzen fast alles tun, könnte die Wachen beispielsweise effektiv ablenken. Da das Tor niemals nachts geöffnet wird, steht dieser Weg nur im hellen Tageslicht offen.

Die Palisade
Einfacher als durch das Haupttor lässt sich über die Palisade ins Fort eindringen. Die Annäherung von außen wird durch die dichte Vegetation erleichtert, die an vielen Stellen bis unmittelbar vor das Befestigungswerk wuchert, auch wenn die Kemi zumindest die Bäume direkt vor der Palisade gefällt haben. Die Palisade ist glatt

und ohne Werkzeug oder magische Hilfe kaum zu erklettern (*Klettern* –5). Überwinden die *Rabenkrallen* das Hindernis, befinden sie sich auf einem gut einen Schritt breiten Wehrgang aus Holz, von dem in regelmäßigen Abständen Leitern nach unten ins Fort führen. Auf dem Wehrgang dürfen sie nicht zu viel Zeit verlieren, da die Patrouillen auf dem Wehrgang versuchen, immer im Sichtfeld ihrer Kameraden zu bleiben (*Verbergen (sich Verstecken)* –2).

Der Fluchttunnel

Natürlich ist es auch möglich, von außen über den Fluchttunnel ins Fort einzudringen. Dazu muss zunächst der unweit des Merit-Ufers gelegene Eingang gefunden werden, der am Ende einer sehr engen, schroffen Felsklamm liegt. Bei einer gründlichen Untersuchung des Flussufers nördlich von Teernberg können weiterführende Spuren gefunden werden: An einer Stelle ist im schlammigen Uferbereich des Flusses deutlich der Abdruck eines Bootsrumpfs zu sehen, um den herum sich durch den Regen der letzten Tage kaum mehr erkennbare Fußspuren befinden. Wildniskundige Heldinnen können je nach Erfolg der entsprechenden Probe folgendes feststellen:

Probe auf *Fährtensuchen (humanoide Spuren)* –2

QS 1 – Die Fußspuren stammen von mindestens vier oder fünf Personen.
QS 2 – Die Verursacher der Fußspuren trugen offenbar Stiefel von guter Qualität.
QS 3+ – Die Spuren führen aus dem Dschungel direkt zu der Stelle, an der das Boot lag und nicht mehr zurück.

Verfolgen die Heldinnen die Spuren zu ihrem Ursprung zurück, kommen sie schließlich an die Ausfallpforte. Das Tor selbst ist mit einem komplizierten Schloss gesichert (*Schlösserknacken (Bartschlösser)* –2) und zusätzlich von innen mit einem Heberiegel abgesichert.
Mit einiger Mühe und geeignetem Werkzeug ist es möglich, den Riegel über den schmalen Türspalt und leichte Unebenheiten im Fels auch von außen zu öffnen. Alternativ lassen sich mit etwas Geduld und entsprechendem Werkzeug auch die Angeln der Tür freilegen und ausheben (*Holzbearbeitung* –3).

Bloß nicht sehen lassen!

Ist es den Heldinnen schließlich gelungen, ins Fort einzubrechen, müssen sie sich dennoch vorsichtig bewegen. Nachts bieten die zahlreichen Gebäude und Hütten, diverse Büsche und Bäume, Kistenstapel und schattigen Plätze gute Versteckmöglichkeiten (*Verbergen (sich Verstecken)* +1).

Willst du den Heldinnen ihre Mission im Fort erschweren, ist es durchaus denkbar, dass einer der Zornbrecht-Schergen, welche die Heldinnen beschatten, den Torwächtern das Eindringen der Heldinnen meldet, indem er behauptet, er habe diese über die Palisade klettern sehen. In diesem Fall werden die Heldinnen bei ihren Nachforschungen von der Alarmglocke überrascht und müssen versuchen, von den sofort ausschwärmenden Patrouillen verborgen zu bleiben. Daria würde natürlich nur dann zu diesem Kniff greifen, wenn sie Marianos Ziel aus anderer Quelle erfahren hat und nicht mehr auf die unfreiwillige Mithilfe der Heldinnen angewiesen ist.

Wer weiß was ...

Im Fort gibt für die Heldinnen mehrere Möglichkeiten, an die gewünschte Information zu kommen. Ein Weg zur Auflösung des Rätsels ist das Durchsuchen der Kommandantur. Alternativ wäre denkbar, dass die Heldinnen statt eines Einbruchs in die Kommandantur versuchen, einer der Personen habhaft zu werden, die über das Ziel des Gesandten Bescheid wissen könnten.

Die Kommandantur

Der Zugang zur Kommandantur wird Tag und Nacht von zwei Wächtern am Zauntor bewacht. Das Überklettern des Zauns ist nicht sonderlich schwierig; es gibt genug Stellen, die von den Wächtern nicht einsehbar sind. Der Zaun selbst ist nur gut zwei Schritt hoch und sollte kein großes Hindernis darstellen (*Klettern* +1); es gilt lediglich, sich vor den spitzen Zaunpfosten in Acht zu nehmen (bei misslungener Probe auf *Klettern* 1W3 SP, Probe auf *Selbstbeherrschung (Störungen ignorieren)* +1, um still zu bleiben). Im Garten des Gebäudes bildet die eher nachlässig gezähmte Vegetation gute Deckung (*Verbergen (Schleichen* oder *sich Verstecken)* +1). Um über den Eingangskorridor in die oberen Stockwerke zu gelangen, müssen die Heldinnen ungesehen am Wachraum vorbeikommen (*Verbergen (Schleichen* oder *sich Verstecken)* –2) oder den dort wachenden Soldaten schnell und lautlos ausschalten. Ein toter oder verschwundener Wächter wird allerdings kurz darauf zu einem Generalalarm führen. Falls der Wächter die Eindringlinge bemerkt, wird er sofort die Alarmglocke schlagen, was umgehend (Anzahl der Heldinnen –1) Wächter aus den Schlafräumen auf den Plan ruft.

Du kannst die Mission für deine Gruppe erleichtern, indem du den Wache haltenden Soldaten einem der Helden grob ähnlich sehen lässt. Dann könnte für die Dauer der Untersuchung der Räume ein Held dessen Posten einnehmen und seinen Kameradinnen so mehr der dringend benötigten Zeit erkaufen.

Eine andere Lösung besteht darin, über die Außenmauern und Fenster des Gebäudes einzudringen, wobei die Heldinnen darauf achten müssen, nicht von den auf dem Wehrgang der Palisade patrouillierenden Wächtern gesehen zu werden (*Verbergen (sich Verstecken)*). Die Gebäudewände sind aus Steinquadern errichtet, die mit etwas Geschick durchaus zu erklettern sind (*Klettern (Fassadenklettern)* –1). Die Fenster sind nachts mit Läden verschlossen, die durch einfache Schubriegel gesichert sind, sodass die Heldinnen keine Mühe haben dürften, festzustellen, wer oder was sich im Raum dahinter verbirgt.
Die Information über Marianos nächstes Ziel lassen sich ohne größere Mühe in der Schreibstube Amen'kás finden. In einer mit einem komplizierten Schloss

gesicherten Truhe (*Schlösserknacken (Bartschlösser)* -2 oder *Kraftakt (Eintreten & Zertrümmern)* -3) befindet sich das Protokollbuch des Schreibers, in dem alle wichtigen Ereignisse des Tages genauestens verzeichnet sind. In dem abgegriffenen, dicken Folianten ist auch sorgfältig notiert, dass der Fortkommandant Mariano ya Strozza und drei seiner Soldaten über den Fluchttunnel aus dem Fort geleitet und mit einem Boot für die Reise nach San Torin ausgestattet hat.

Auch im Arbeitszimmer des Fortkommandanten können die Heldinnen auf die gewünschte Information stoßen. In der abgeschlossenen Schreibtischschublade (*Schlösserknacken (Bartschlösser)* -1 oder *Kraftakt (Eintreten & Zertrümmern)* -2) findet sich ein noch nicht gesiegeltes Schreiben des Kommandanten an die kem'sche Heerführerin Chanya Al'Plâne, wonach der horasische Gesandte auf dem Weg nach San Torin sei, um dort eine alternative Exportroute für das Teernberger Pech zu organisieren. Kommandant Âken'ptah berichtet zudem, dass der Gesandte entgegen seiner ausdrücklichen Empfehlung nur mit der Hälfte seiner Eskorte aufgebrochen sei. Offenbar fürchte Seine Exzellenz überall Spione der Al'Anfaner. In der Schublade findet sich zudem der Schlüssel zum Fluchttor im Nordosten des Forts.

Der Kommandant

Der Fortkommandant wurde von Mariano ya Strozza natürlich in seine Pläne eingeweiht, schließlich soll er ein Ende der neuen Lieferkette darstellen. Tagsüber ist der Kommandant meist im Fort unterwegs, um seine Soldaten zu inspizieren, die Arbeiter zu kontrollieren oder neue Aufgaben zu verteilen. Dabei wird er stets von zwei bis drei Soldaten begleitet. Nachts ist er in seinem Schlafraum in der Kommandantur anzutreffen. Wird er überrascht, versucht er, Alarm zu schlagen, und sich gegen einen Angriff mit aller Macht zur Wehr setzen. Wird der Kommandant überwältigt und verhört, ist er ohne Zauberei nur schwer zum Reden zu bringen. Als fanatischer Loyalist geht er lieber in den Tod, als zum Verräter zu werden.

Wird der Kommandant im Schlaf überrascht, ist er nur mit einem Nachthemd bekleidet (RS 0, GS 8, INI 14+1W6) und einem Kurzschwert bewaffnet.

Der Capitan

Auch der in Teernberg gebliebene Capitan der Horaskaiserlichen Kolonialinfanterie, *Olivio de Saroni*, weiß über das nächste Ziel seines Herrn Bescheid. Der Capitan flaniert tagsüber gerne über das gesamte Fort-Areal, mit der Absicht, vermeintliche Spione über die Abreise des Gesandten zu täuschen. Gehen die *Rabenkrallen* vorsichtig vor, ist es möglich, den Capitan allein anzutreffen und in einer dunklen Ecke zu überwältigen (Vergleichsprobe *Verbergen (sich Verstecken)* -1 gegen *Sinnesschärfe*). Nachts befindet sich der Capitan im nördlichsten Gästezimmer; im Nachbarraum nächtigen seine zwei Untergebenen.

Da der Capitan ein hedonistisch veranlagter Mensch ist, ist es durchaus möglich, dass er die Nacht nicht allein verbringt. Du kannst die Herausforderung für deine Heldinnen dahingehend erhöhen, dass de Saroni ein oder zwei kampffähige Bettgenossen oder Bettgenossinnen auf seine Kammer geladen hat.

Kommandant Hotep Âken'ptah
MU 15 **KL** 12 **IN** 13 **CH** 13
FF 11 **GE** 13 **KO** 15 **KK** 15
LeP 40 **AsP** – **KaP** – **INI** 13+1W6
AW 7 **SK** 2 **ZK** 2 **GS** 7
Waffenlos: AT 15 **PA** 9 **TP** 1W6 **RW** kurz
Kurzschwert: AT 15 **PA** 9 **TP** 1W6+2 **RW** kurz
Langschwert: AT 15 **PA** 9 **TP** 1W6+4 **RW** mittel
RS/BE: 5/0 (Schuppenrüstung) (Modifikatoren durch Rüstungen bereits eingerechnet)
Vorteile/Nachteile: Krankheitsresistenz I, Zäher Hund / –
Sonderfertigkeiten: Anführer, Aufmerksamkeit, Belastungsgewöhnung I+II, Wuchtschlag I+II (Waffenlos, Kurzschwert, Langschwert)
Talente: Einschüchtern 10, Körperbeherrschung 9, Kraftakt 13, Menschenkenntnis 7, Selbstbeherrschung 15, Sinnesschärfe 13, Willenskraft 11
Kampfverhalten: Der Kommandant konzentriert sich im Kampf auf den Gegner, den er für den Anführer seiner Feinde hält, und setzt ihm mit wohlplatzierten Wuchtschlägen zu, während er seine eigenen Männer koordiniert.
Flucht: Verlust von 75 % der LeP;
Schmerz +1 bei: 30 LeP, 20 LeP, 10 LeP, 5 LeP oder weniger

Capitan Olivio de Saroni
MU 14 **KL** 12 **IN** 13 **CH** 12
FF 11 **GE** 15 **KO** 13 **KK** 14
LeP 36 **AsP** – **KaP** – **INI** 14+1W6
AW 8 **SK** 2 **ZK** 2 **GS** 7
Waffenlos: AT 14 **PA** 8 **TP** 1W6 **RW** kurz
Rapier: AT 17 **PA** 10 **TP** 1W6+4 **RW** mittel
RS/BE: 3/0 (Lederrüstung) (Modifikatoren durch Rüstungen bereits eingerechnet)
Vorteile/Nachteile: keine
Sonderfertigkeiten: Aufmerksamkeit, Belastungsgewöhnung I, Einhändiger Kampf (bereits eingerechnet), Finte I (Waffenlos, Rapier), Präziser Stich I (Rapier), Vorstoß (Waffenlos, Rapier)
Talente: Einschüchtern 7, Körperbeherrschung 8, Kraftakt 11, Menschenkenntnis 5, Selbstbeherrschung 11, Sinnesschärfe 11, Willenskraft 9
Kampfverhalten: Der Capitan lässt sich gelegentlich zu rücksichtslosen Manövern bewegen und dringt verbissen und gewagt auf das erste Ziel ein, das sich ihm in einem Kampf bietet.
Flucht: Verlust von 75 % der LeP;
Schmerz +1 bei: 27 LeP, 18 LeP, 9 LeP, 5 LeP oder weniger

Der Capitan scheut den Kampf nicht, wird er jedoch von einer Übermacht gestellt, versucht er vordringlich Alarm zu schlagen. Wird er überwältigt, gibt er die gewünschte Information recht schnell preis, da sich in seiner Kartentasche ein Schreiben an Carvaia ya Dergamon befindet, in dem Mariano seinen Plan enthüllt.
Stellen die Heldinnen den Capitan nachts, so wird er sich den Angreifern unbekleidet stellen müssen (RS 0, GS 8, INI 14+1W6).

Der Schreiber
Während die Heldinnen das Fort ausspionieren und sich über ihre Strategie zur Erlangung der gewünschten Information klarwerden, können sie ein Gespräch belauschen. Ein Arbeiter hat eine große, schmale Gestalt aus einem heruntergekommenen Holzgebäude hinter den verstreut daliegenden Wohnbaracken der Soldaten herauskommen sehen. Zu dem Gebäude ist der Zeuge nicht gegangen, da er ein Wimmern hörte. Er fürchtet, es könnte ein Verbrechen passiert sein, das man vielleicht am Ende ihm anhängt. Die Heldinnen könnten den Augenzeugen beruhigen und ihm anbieten, an seiner statt nachzuschauen und anschließend die Soldaten zu informieren, falls nötig. Sollten sie sich das beschriebene Gebäude anschauen, ohne Rücksprache mit dem Arbeiter zu halten, ist es ratsam, einen Ausguck zu postieren – möglicherweise ringt sich der Zeuge doch noch dazu durch, die Garde zu verständigen, welche die Heldinnen dann am Tatort überraschen wird.
Die verdächtige Person trug schwarze, enganliegende Kleidung und einen kleinen Rucksack. Das Gesicht wurde durch eine tief heruntergezogene Kapuze verborgen. Die Gestalt blickte sich rasch um und verschwand dann schnell, aber lautlos in östlicher Richtung, auf die Palisade zu.
Begeben sich die Heldinnen zu dem Haus, aus dem die seltsame Person getreten ist, fällt ihnen ein schwacher Lichtschein auf, der aus dem Türspalt nach außen dringt. Ein leises, schmerzerfülltes Stöhnen ist zu hören.

Zum Vorlesen oder Nacherzählen:
Vorsichtig öffnet ihr die Tür des halbverfallenen Gebäudes und tretet in den von Spinnweben und Staub bedeckten Raum. Die abgestandene Luft ist erfüllt vom ekelhaft-schweren Gestank heißen Teers. Das dämmrige Licht eines leise knackenden Holzfeuers enthüllt eine grausige Szenerie: Ein dicklicher, glatzköpfiger Mann hängt an schweren, eisernen Ketten von einem Flaschenzug an der Decke, seine Beine stecken bis zu den Knien in einem riesigen Kessel voll siedenden Teers. Das runde, feiste Gesicht des Kemi ist nass von Schweiß und Tränen; in den Augen des Gequälten stehen Todesangst und Agonie. Ein durch zerbissene Lippen blutiger Knebel dämpft seine Schmerzensschreie. Vor dem Kessel liegt die Kleidung des Gemarterten: Schuhe, eine weiße Toga aus Seide, ein Gürtel und eine leere, kleine Tasche; alles so eigentümlich und pedantisch angeordnet, als habe sich ein sehr auf Ordnung bedachter Mensch für ein Bad vorbereitet.

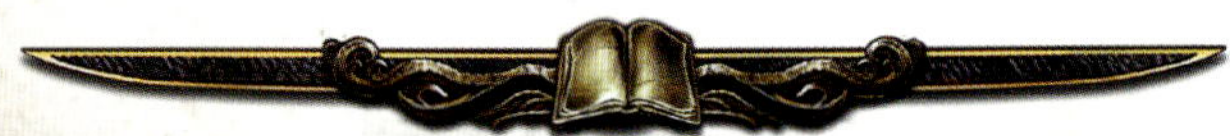

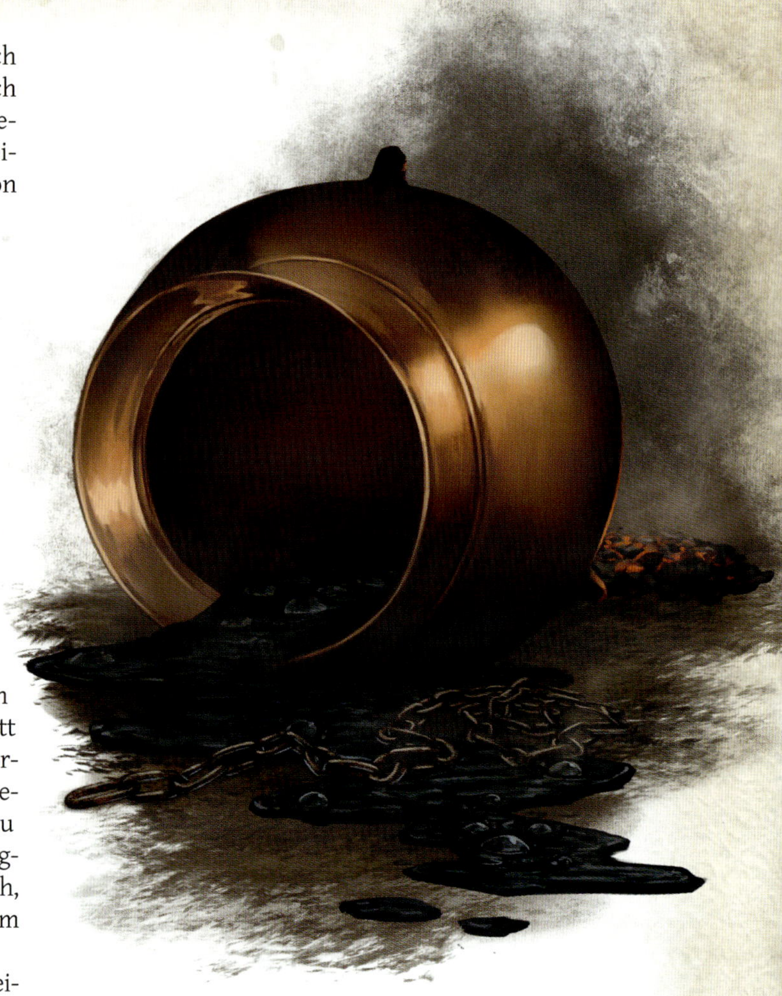

Verantwortlich für die grausige Tat ist Jorge Nebelberger. Der Assassine lauerte dem bedauernswerten Schreiber auf dessen Abendspaziergang auf und verschleppte ihn in die alte Siederei. Dort ließ er sich, entsprechend seiner Neigung zu übertriebener Theatralik, viel Zeit, um den bedauernswerten Ersten Schreiber der Garnison von Hoheitlich Teernberg, ♟ *Amen'ká,* zu foltern, um an Informationen über Mariano ya Strozzas Aufenthaltsort zu gelangen.
Der heiße Teer hat dem Schreiber bereits arg zugesetzt und es ist kaum zu übersehen, dass er nie wieder laufen wird (*Heilkunde Wunden* +1), doch die Heldinnen können ihm wenigstens vor dem qualvollen Tod retten, indem sie den Teerkessel umstoßen (*Kraftakt (Stemmen & Heben)* –2) oder den Flaschenzug bedienen (*Mechanik* +2). Retten die Heldinnen Amen'ká und befreien ihn von dem Knebel, flüstert er folgende Worte, bevor er in eine erlösende Bewusstlosigkeit fällt: „Gnade, bitte ... Gnade ... er ist ... San Torin ... Exzellenz ... ist in San Torin ... bitte ..."

♟ Jorge Nebelberger

Kurzcharakteristik: Der 33-Jährige stammt teilweise von Kemi ab, ist etwa 1,80 Schritt groß und dünn. Sein pechschwarzes Haar ist raspelkurz und ein dünner Ziegenbart ziert sein Kinn. Die Gesichtszüge unter den braunen Augen sind weich und angenehm. Jorge verfügt über hervorragende Kenntnisse in Stichwaffen und im Hruruzat, zudem ist er sehr versiert im Einsatz von Giften und Alchimika. Er versteht sich perfekt auf Verkleidungen; ist charmant und wortgewandt und kann sich zudem auf hervorragende körperliche Fähigkeiten verlassen.

Jorge könnte einer der besten Assassinen des Kontinents sein, wären da nicht zwei Dinge, die ihm dabei im Wege stehen: Zum einen neigt Jorge aus Größenwahn zu übertriebener Theatralik. Ein gezielter Stich im Dunkeln oder ein diskret appliziertes Gift sind unter seiner Würde; seine Taten müssen inszeniert, auffällig und aufwendig sein. Dass er deshalb oft günstige Gelegenheiten zur Erfüllung seiner Aufträge verpasst oder sich durch halsbrecherische Täuschungen und Einlagen selbst in Gefahr bringt, ist für ihn ohne Bedeutung. Zum anderen leidet Jorge an einem übertriebenen Ordnungswahn. Unordnung und Chaos sind ihm zuwider, sodass seine Tatorte immer sehr aufgeräumt und ordentlich wirken. Bisweilen kann es sogar vorkommen, dass ihn während eines Auftrags ein Anfall überkommt und er viel Zeit damit verbringt, das unordentliche Schlafzimmer eines Opfers aufzuräumen, ehe er zur Tat schreitet.

Funktion: Jorge dient als möglicher, unberechenbarer Konkurrent für die Heldinnen. Durch seine Grausamkeit und Fähigkeiten ist er eine Bedrohung im Hintergrund, welche die Heldinnen nicht einschätzen können. Jorge ist bestrebt, seinen Auftrag auch über die ein oder andere Heldenleiche zu erfüllen, wird aber nicht von Rachegelüsten getrieben, wenn ihm die Heldinnen die Beute wegschnappen.

Hintergrund: Jorge wurde von Mariano ya Strozzas Sohn Tomasio angeheuert, der den Meuchelmörder über seine DBA-Kontakte kennt. Tomasio ya Strozza hasst seinen kalten, aufbrausenden Vater, der nicht nur Schuld daran ist, dass er sein halbes Leben in „diesem öden, von fanatischen Irren bevölkertem Dschungelloch namens Kemi" verbringen musste, sondern ihn auch nach einem heftigen Streit zu enterben gedroht hat.

Feindbilder: Unordnung, Chaos, Schmutz, Unkultiviertheit

Darstellung: Sprich langsam und überlegt in kurzen, wohlformulierten Sätzen. Du bist großartig, ein Künstler. Der Rest der Welt wird von kleingeistigen, schmutzigen, primitiven Lebensformen bevölkert, welche die wahre Schönheit deiner grandiosen Werke meist nicht zu würdigen wissen.

Besonderheiten: Jorge kennt weder Mitleid noch Rücksichtnahme. Seine Welt dreht sich allein um ihn und seine Kunst.

Wichtige Werte: Alchimie 12 (14/14/15), Klettern 16 (14/15/13), Menschenkenntnis 10 (14/13/15), Sinnesschärfe 12 (14/13/13), Selbstbeherrschung 11 (14/14/13), Überreden 10 (14/13/15), Verbergen 16 (14/13/15), Verkleiden 16 (13/15/15), Willenskraft 14 (14/13/15); Fechtwaffen AT/PA 19/11

Schicksal: Gemäß seinem Auftrag versucht Jorge, Mariano ya Strozza zu töten. Gelingt es ihm, Mariano vor den *Rabenkrallen* zu töten, wird er ihnen den Leichnam gerne überlassen. Kommen sie ihm zuvor, akzeptiert er klaglos sein Scheitern. Da der Assassine im weiteren Verlauf der Kampagne keine Rolle mehr spielt, kann es durchaus zu einer tödlichen Auseinandersetzung mit den Heldinnen kommen.

»Ja, ich weiß, es tut ein wenig weh. Aber tröstet Euch und seid tapfer – wenn ich fertig bin, werdet Ihr der herausragende Teil eines großartigen Kunstwerkes sein! Das ist doch all die Unannehmlichkeiten wert, nicht wahr?«

Die Geweihte

Tatsächlich ist die Borongeweihte Mirhiban Sánchez Delatrar nicht über das Ziel des Gesandten informiert; sie weiß nur, dass Mariano ya Strozza nicht mehr im Fort weilt. Die Geweihte hält sich meistens im oder beim Tempel auf, wo sie immer ein offenes Ohr für die spirituellen Bedürfnisse der Fortbesatzung hat. Oft ist sie auch auf dem Boronanger hinter dem Tempel beschäftigt, wo es gilt, die Grabstellen von der wildwuchernden Vegetation freizuhalten. Mirhiban ist eine nachdenkliche Frau, der Fanatismus beider Seiten ist ihr zuwider. Sie ist bemüht, sich aus dem derzeitigen Konflikt herauszuhalten und sich ganz auf ihre seelsorgerischen Aufgaben zu konzentrieren. Versuchen die Heldinnen, sie auszufragen, wird sie diese schroff zurückweisen, aber ihnen auch zusichern, sie nicht zu verraten, wenn sie schwören, nicht das Blut ihrer Gemeindemitglieder zu vergießen (*Überreden (Manipulieren)* –1). Die Heldinnen können feststellen, dass man die Geweihte mit Zwang oder Drohungen der „anderen Seite" in die Arme treiben wird (*Menschenkenntnis (Motivation erkennen)*). In diesem Falle wird sie die Fortbesatzung alarmieren und sich gegen Angriffe durchaus mit Waffengewalt zu

Mirhiban Sánchez Delatrar

MU 14 **KL** 13 **IN** 13 **CH** 13
FF 12 **GE** 13 **KO** 11 **KK** 11
LeP 28 **AsP** – **KaP** 35 **INI** 14+1W6
AW 7 **SK** 3 **ZK** 1 **GS** 8
Waffenlos: AT 12 **PA** 6 **TP** 1W6 **RW** kurz
Rabenschnabel: AT 14 **PA** 6 **TP** 1W6+4 **RW** mittel
RS/BE: 0/0
Vorteile/Nachteile: Geweihter, Hohe Seelenkraft
Sonderfertigkeiten: Tradition (Boronkirche)
Talente: Einschüchtern 4, Körperbeherrschung 5, Kraftakt 5, Menschenkenntnis 7, Selbstbeherrschung 14, Sinnesschärfe 12, Willenskraft 11
Liturgien: Die Zwölf Segnungen, Bann des Lichts 7, Schlaf 8
Kampfverhalten: Die Geweihte verlässt sich gegen Bedrohungen zunächst auf ihren Stand, verteidigt sich aber im Zweifel erbittert mit ihrem Rabenschnabel. Droht sie, zu unterliegen, versucht sie, ihren Angreifern mittels einer Liturgie die Sicht zu nehmen und dann zu fliehen.
Flucht: Verlust von 75 % der LeP
Schmerz +1 bei: 21 LeP, 14 LeP, 7 LeP, 5 LeP oder weniger

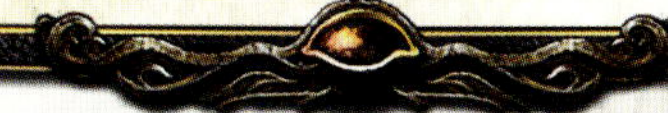

wehren versuchen. Wird sie überwältigt und verhört, ist sie bemüht, die Heldinnen mit Falschinformationen auf eine falsche Fährte zu führen.

Um die Mission im Fort leichter zu gestalten, kannst du es deinen Heldinnen auch ermöglichen, Mirhiban auf ihre Seite zu ziehen. Die Geweihte ist in diesem Fall desillusioniert und von den horasischen Übergriffen auf die Kemi so angewidert, dass sie den Heldinnen bereitwillig Informationen über die Gebäude, Abläufe und Gegebenheiten im Fort weitergibt und ihnen zudem mitteilen kann, dass Mariano ya Strozza das Fort durch den Fluchttunnel verlassen hat.

Die Gefangenen

Wenden sich die Heldinnen an die nachts in Käfigen weggesperrten Zwangsarbeiter – oder bemerken diese die Heldinnen, wird deren „Sprecherin" Meka'na (30, abgemagert, klein, vernarbte und verbrannte Haut, kahl, Zahnlücken, in schwarze, verklebte Lumpen gehüllt; Willenskraft 12 (13/13/13), SK 2) von ihnen als Gegenleistung für Informationen zu dem „horasischen Gecken" fordern, sie und ihre Leidensgenossen aus den Käfigen zu befreien. Weigern sich die *Rabenkrallen*, wird Meka'na ihnen drohen, die Wachen zu alarmieren – eine Drohung, die durch und durch ernst gemeint ist (*Menschenkenntnis (Motivation erkennen)*), da die Gefangenen nichts mehr zu verlieren haben. Für die Heldinnen kann ein Abkommen von Vorteil sein: Das Chaos, das durch die Befreiung der Gefangenen ausbrechen würde, könnte ihrer Flucht aus dem Fort durchaus zugutekommen.
Werden die Parteien handelseinig, berichtet Meka'na, dass sie gesehen habe, wie der Horasier und drei Mann seiner Eskorte in Begleitung des Fortkommandanten und seines Schreibers die Teerhöhlen betreten haben. Kurz darauf seien Schreiber und Kommandant allein zurückgekehrt. Sie vermutet, dass es von dort einen Fluchttunnel geben könnte.

Bedienstete und Soldaten

Versuchen die *Rabenkrallen*, die notwendigen Informationen von einfachen Soldaten oder Bediensteten zu erlangen, stellen sie bald fest, dass diese davon ausgehen, dass der Gesandte des Horas noch im Fort weilt. Zwar hat man ihn seit Tagen nicht mehr persönlich gesehen, doch da seine Eskorte noch anwesend ist, müsse er das auch sein; schließlich würde sich ein so bedeutender Herr wohl kaum ohne Geleitschutz den Gefahren des Landes und der Feinde aussetzen. Keiner hat gesehen, wie der Gesandte das Fort verlassen hat. Die Soldaten und Bediensteten werden den Kampf gegen eine Übermacht natürlich vermeiden, aber jede Gelegenheit nutzen, Alarm zu schlagen.

Gegen Bestechungsgeld oder aufgrund von Sympathien für Rhôndas Sache kann der eine oder andere Soldat oder Bedienstete den Heldinnen bei ihrer Mission sogar helfen. Diese Hilfe kann einfach nur in Form von Informationen zu den Gebäuden, zum Fluchttunnel oder zur allgemeinen Lage im Fort gewährt werden, aber auch aktive Beihilfe zur Mission ist denkbar; beispielsweise die Ablenkung der Kommandanturwächter. Wenn die Heldinnen nicht das Glück haben, an einen absolut fanatischen Anhänger der Prinzessin zu geraten, dem der Tod für seine künftige Königin erstrebenswerter als die Flucht erscheint, müssen sie in einem solchen Fall ihrem willigen Helfer natürlich eine entsprechende Fluchtmöglichkeit anbieten.

Im Namen des Horas

Für horasische Heldinnen ist es auch denkbar, dass sie offen an den Fortkommandanten – sei es über eine schriftliche Notiz oder eine Vorstellung am Festungstor – herantreten, um ihn über die Schritte des Gesandten zu befragen. Ihnen sollte in diesem Fall natürlich klar sein, dass sie damit ihre Tarnung gefährden, denn Rhôndas oder Oderins Spione können überall sein.
Entscheiden sich die Heldinnen für diese Vorgehensweise, werden sie entwaffnet und unter Bewachung zum Kommandanten vorgelassen, müssen jenen aber überzeugen, tatsächlich im Dienst des Horas oder der loyalistischen Fraktion zu stehen. Heldinnen, die in **Der Biss der Spinne** Chanya Al'Plâne kennengelernt haben, können sich mit einer Schilderung der Ereignisse und dem Vorweisen des kem'schen Suvar von Chanya legitimieren. Andere Beweise, wie horasische Ehrenzeichen oder Schreiben erkennt der Fortkommandant nicht an. In diesem Fall wird er die örtliche Borongeweihte heranziehen, die mittels ihrer Menschenkenntnis und liturgischen Fähigkeiten die Heldinnen auf Aufrichtigkeit prüft. Ist

Kem'sche Soldaten
MU 13 **KL** 11 **IN** 13 **CH** 11
FF 12 **GE** 13 **KO** 14 **KK** 14
LeP 34 **AsP** – **KaP** – **INI** 12+1W6
AW 7 **SK** 1 **ZK** 2 **GS** 7
Waffenlos: AT 13 **PA** 7 **TP** 1W6 **RW** kurz
Dolch: AT 13 **PA** 7 **TP** 1W6+1 **RW** kurz
Säbel: AT 13 **PA** 8 **TP** 1W6+3 **RW** mittel
Leichte Armbrust: FK 13 **LZ** 8 **TP** 1W6+6 **RW** 10/50/80
RS/BE: 3/0 (Lederrüstung) (Modifikatoren durch Rüstungen bereits eingerechnet)
Vorteile/Nachteile: Giftresistenz I, Krankheitsresistenz I, Verbesserte Regeneration (Lebensenergie) I / –
Sonderfertigkeiten: Aufmerksamkeit, Belastungsgewöhnung I, Finte I (Waffenlos, Dolch, Säbel), Wuchtschlag I (Waffenlos, Säbel)
Talente: Einschüchtern 6, Handel 4, Körperbeherrschung 10, Kraftakt 11, Menschenkenntnis 5, Selbstbeherrschung 10, Sinnesschärfe 12, Überreden 4, Verbergen 8, Wildnisleben 6, Willenskraft 8
Kampfverhalten: Kommt es zu einem Kampf, versucht die Patrouille, ihre zahlenmäßige Überlegenheit auszunutzen und gezielt einzelne Gegner auszuschalten.
Flucht: Verlust von 75 % der LeP
Schmerz +1 bei: 26 LeP, 17 LeP, 9 LeP, 5 LeP oder weniger

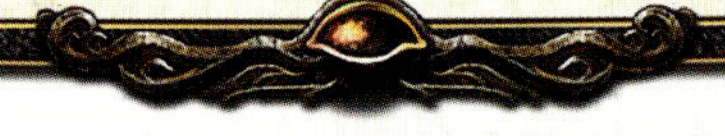

In den Fängen der Kemi

Die Nachforschungen im Nordfort sind nicht einfach, und die Gefahr einer Entdeckung durch die kem'schen Soldaten ist groß. Sollten die Heldinnen auffliegen, werden sie sich, falls ihnen keine schnelle Flucht gelingt, einer Übermacht kampfkräftiger, auch mit Schusswaffen ausgerüsteter Soldaten gegenübersehen. Die Soldaten gehen mit voller Härte gegen die Spione vor – ein oder zwei Überlebende würden für ein sorgfältiges Verhör ausreichen. Werden die Heldinnen überwältigt oder ergeben sie sich, entwaffnet, entkleidet und fesselt man sie. Magier legt man in schwere Ketten und versieht sie mit einer Augenbinde und einem Knebel.

Gefangene werden in einem Käfig unweit des Gefangenenlagers eingesperrt und bewacht. Den Heldinnen sollte klar sein, dass ihnen nicht viel Zeit zur Flucht bleibt, denn unmittelbar nach ihrer Verhaftung beginnt ein junger Soldat damit, unter fröhlichem Pfeifen genauso viele Stricke am Galgen anzubringen, wie Heldinnen im Käfig sitzen.

Vor der Hinrichtung ist noch ein Verhör angesetzt. Nicht lange nach ihrer Verhaftung werden zwei Soldaten eine der *Rabenkrallen* in die Schreibstube neben dem Gefangenenlager abführen und dort auf einen Stuhl binden. Diese Situation bietet den Heldinnen die Möglichkeit einer epischen Flucht. Denkbar wäre beispielsweise der schnelle Griff des Folteropfers zu einem der Werkzeuge des Folterknechts, was zu einem blutigen Nahkampf in der Schreibstube führen kann. Oder aber den *Rabenkrallen* gelingt es mit improvisiertem Werkzeug, wie z. B. einem abgebrochenen Hühnerknochen, das Schloss ihres Käfigs zu öffnen (*Schlösserknacken (Bartschlösser)*). Auch Hilfe von außen ist denkbar; beispielsweise se könnten einige Strafgefangene den Gefängniswärter so ablenken (*Überreden (Manipulieren)* –3), dass ihn die Heldinnen aus ihrem Käfig heraus greifen können (*Raufen*-AT).

Horasische Heldinnen können sich in einer solchen Situation dazu entscheiden, ihre Tarnung fallenzulassen und sich zu offenbaren. Ergeben sie sich ohne Gegenwehr, erhalten sie die Gelegenheit, sich vor Kommandant Hotep Âken'ptah zu erklären.

Natürlich ist es auch an dieser Stelle möglich, dass sich unter den Wächtern Sympathisanten Prinzessin Rhôndas befinden, die durch gutes Zureden oder Bestechung schließlich das Risiko auf sich nehmen, den Heldinnen (*Überreden (Manipulieren)*) die Flucht zu ermöglichen.

deren Gesinnung zweifelsfrei geklärt, wird der Kommandant ihnen mitteilen, was er über die Pläne Mariano ya Strozzas weiß. Um den Heldinnen den dramatischen Auftritt Jorge Nebelbergers zu gönnen und ihnen klarzumachen, dass sie nicht die Einzigen sind, die hinter Mariano her sind, könnte just in diesem Moment der flüchtende Attentäter gesichtet werden. Begeben sich die Heldinnen zusammen mit dem Fortkommandanten dann zur alten Siederei, finden sie, wie oben beschrieben, den bedauernswerten Amen'ká vor.

Flussfahrt

Der einzige Weg nach San Torin ist der Weg per Floß über den Merit-Fluss und die Torina. Auch jetzt, in Kriegszeiten, ist die Strecke stark befahren, sodass die *Rabenkrallen* keine Schwierigkeiten haben, an der Anlegestelle eine Passage zu buchen. Die Reise nach San Torin beginnt jeden dritten Tag bei Sonnenaufgang und dauert einen Tag.

Der Flößer, ♟ *Weka-pê* (25, Waldmensch vom Stamm der Napewanha, sehr schweigsam, muskulös, Glatze, tätowiert, alter Säbel, Lendenschurz; Boote & Schiffe 12 (13/13/13), Willenskraft 12 (13/13/13), SK 2), legt die Preise nach Sympathie fest und verlangt W20 Heller von jedem Passagier. Auf dem 5x5 Schritt großen Floß sind in der Mitte Fässer, Kisten, Netze und Säcke gestapelt, die Passagiere finden neben der Ladung Platz. Neben den Helden reist noch eine Handvoll verwegen aussehender Abenteurer mit, die in San Torin nach Gelegenheiten suchen wollen. ♟ *Janne Siebentodt* (22, stämmig, Mittelländerin, muskulös, langer schwarzer Zopf auf dem kahlen, tätowierten Schädel, Lederrüstung, Khunchomer; Willenskraft 10 (14/13/12), SK 1) und ♟ *Merût'djá* (27, Kemi mit kurzem blauschwarzem Haar, klein, hager, geschickt, leichte Tuchrüstung, mehrere Messer in einem Brustgurt; Willenskraft 12 (13/14/13), SK 2) kommen aus Khefu und sind unterwegs, um in San Torin eine lohnende Anstellung auf einem Piratenschiff oder in einer Schmugglerbande zu finden. Die beiden vertreiben sich die Zeit gerne mit Plaudereien und können den Helden vom niedergeschlagenen Aufstand in Khefu ebenso erzählen wie von den Verhältnissen in San Torin. Außerdem befindet sich der Bettler ♟ *Olario Brinstetter* (57, zahnlos, fettiges, strähniges Haar, Lumpen; Überreden 11 (12/12/12), Willenskraft 7 (12/12/12), SK 1) an Bord. Der ehemalige Glücksritter aus Grangor, der in seinen nunmehr vierzehn Jahren im Süden nur Pech hatte, bestreitet seinen Lebensunterhalt mit Betteleien zwischen San Torin und Teernberg. Er ist vorwiegend damit beschäftigt, den Mitreisenden durch rührselige Geschichten ein paar Münzen oder Schnaps abzuschwatzen. Der vierte Passagier ist der auffällig ordentlich und gepflegt aussehende Jorge, der sich auf Nachfrage recht wortkarg als der Künstler Hemet'neb Niedernfels vorstellt, der in San Torin Motive und Inspiration für sein neues Werk sucht. Helden, die sich mit der kem'schen Kultur gut auskennen (*Geographie (Tiefer Süden)* –2 und *Malen & Zeichnen* –2), kennen den Namen als den eines der bekanntesten Maler der sogenannten kem'schen Restauration. Bisweilen fordert die Reise bei Jorge Tribut in Form von Wahnschüben: Dann verfällt der „Künstler" in manisches Schuhputzen;

aber auch das ständige Abtupfen der schweißnassen Stirn mit einem sorgsam gefalteten Seidentüchlein oder das hektische Fortwedeln der aggressiven Moskitos sind denkbare Übersprunghandlungen. Jorge weicht Konflikten aus, selbst wenn das hieße, dass er sich durch einen Sprung in den Fluss retten müsste.

Die Reise selbst geht langsam, aber stetig voran. Die Flüsse sind träge und schlammig und ein Paradies für Krokodile, Wasserschlangen und Egel. Der Dschungel ist beiderseits der Ufer dicht und die Kronen der mächtigen Baumriesen überragen das Flusstal wie ein Dach, sodass auch tagsüber nur diffuses Dämmerlicht die Szenerie erhellt. Ab und zu sehen die Helden Boote, besetzt mit Glücksrittern – unter anderem Marvanas Schergen –, einheimischen Fischern, Waldmenschen und Achaz, die sie überholen oder ihnen auf dem breiten Fluss entgegenkommen. Weka-pê macht keine Pause, denn das Land beiderseits der Flüsse ist Achaz-Gebiet, und die Schuppigen tolerieren Menschen nur sehr widerwillig in ihrem Gebiet.

Plagen keine unvorhergesehenen Zufallsbegegnungen durch hungrige Kaimane, bissige Wasserschlangen, dreiste Affen oder gierige Piranhas die Helden, erreichen sie San Torin am nächsten Tag.

Marvanas Schergen (siehe Seite **25**), welche die Schritte der Helden überwachen, wissen durch deren Abreise ebenfalls über das nächste Ziel Bescheid. Sie entwenden einigen Flussfischern kurzerhand ihre Boote und folgen dem Floß. Da sie weitaus schneller als das langsame Floß unterwegs sind, erreichen sie San Torin mit ein paar Stunden Vorsprung. Sollte Daria das Kommando noch anführen, wird sie sich im Boot verstecken, wenn dieses das Floß der Helden überholt.

Der Bettler Olario Brinstetter kann nach deiner Maßgabe eingesetzt werden, um den Helden Hilfestellung zu geben, wenn sie aus irgendeinem Grund die Spur Marianos verloren haben – sei es, dass ihr Unternehmen in Teernberg sabotiert wurde oder sie durch widrige Umstände die Spur des Gesandten verloren haben. Er kann jederzeit und überall auftauchen: in Teernberg, an der Anlegestelle oder erst auf dem Floß. Über Olario kannst du deinen Helden wichtige Informationen zukommen lassen, die sie benötigen, um die Reise fortsetzen oder abkürzen zu können – möglicherweise hat er Mariano beim Verlassen Teernbergs gesehen oder belauscht, oder er wurde vom Gesandten sogar zu den Verhältnissen in San Torin befragt. Um mit den Helden in Kontakt zu kommen, wäre es beispielsweise denkbar, dass diese ihm zur Seite stehen, wenn er durch seine penetrante Art der Bettelei in Konflikt mit ein paar groben Söldnern gerät, die den Hilflosen brutal verprügeln oder in den Fluss werfen wollen.

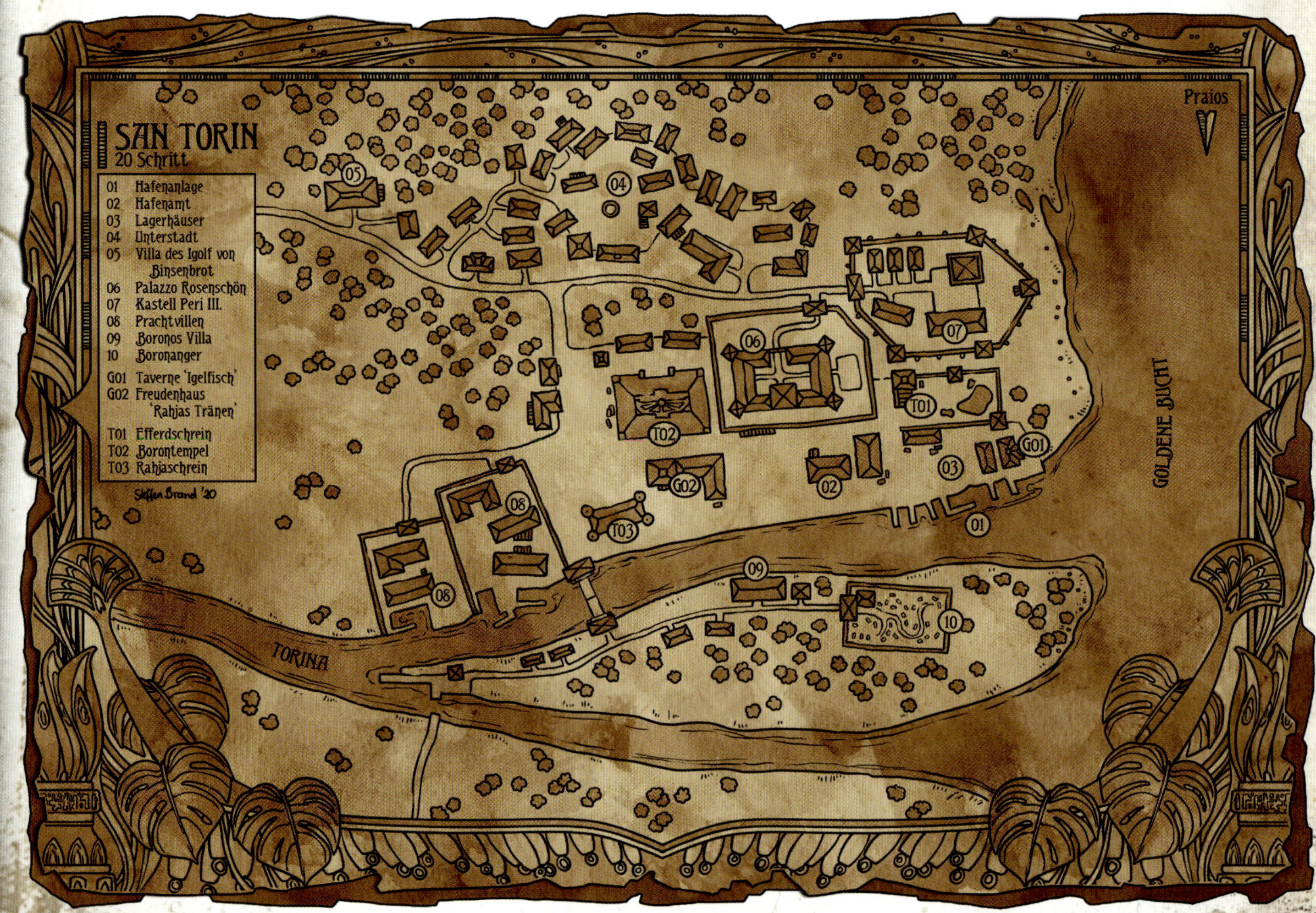

San Torin

San Torin ist eine sehr geschäftige, wenn auch isoliert liegende Siedlung an der kem'schen Nordküste, deren Haupterwerbszweige seit jeher Schmuggel und Piraterie sind. Die Macht der Krone ist hier gering. Man überlässt die Siedlung ihren Einwohnern, die ein beeindruckendes Talent dafür entwickelt haben, sich durch alle Widernisse der Geschichte zu lavieren.

Der **Hafen (1)** der Stadt besteht aus mehreren hölzernen Anlegern, die vom sandigen Strand ausgehend ins Meer ragen. Für größere Segelschiffe ist der Wasserstand direkt an den Anlegern zu niedrig, sodass die Waren mit Beibooten angeliefert werden. Das **Hafenamt (2)** ist ein kleines Blockhaus, in dem ein „offizieller" Zollinspektor die Zölle für den Rat der Kapitäne festlegt und diverse „beschlagnahmte" Gegenstände verkauft. Direkt am Strand liegt die **Taverne *Igelfisch* (G01)** (Q1/P1/S–). Dahinter, an ein mit wackligen Holzwachtürmen gesichertes Geviert angrenzend, befinden sich **Lagerhäuser (3)**. Im Geviert selbst gibt es einen kleinen, aber gepflegten **Efferdschrein (T01)**.

Im Nordwesten der Siedlung, am Rande der aus allerlei kleinen, mit Palmblättern gedeckten bunten Lehmhäusern zusammengewürfelten **Unterstadt (4)**, liegt die verwitterte **Villa des Igolf von Binsenbrot (5)**. Das Zentrum der Stadt wird vom überdimensionierten **Borontempel (T02)** dominiert, neben dem der noch überdimensioniertere, kunstvoll ausgestattete **Palazzo Rosenschön (6)** thront, der Sitz des Gouverneurs von San Torin und der Tagungsort des Rats der Kapitäne. Im Osten des imposanten Prachtbaus erhebt sich das wehrhafte und gut in Schuss gehaltene **Kastell Peri III. (7)**, in welchem sich wechselnde Schiffsbesatzungen und für diverse Unternehmungen angeworbene Söldner tummeln. Im Südwesten des Schmugglernests, hinter dem in Fachwerkbauweise errichteten **Freudenhaus Rahjas Tränen (G02)** (Q2/P5/S–), das auch einen liebevoll gepflegten und reichlich besuchten **Rahjaschrein (T03)** beherbergt, liegen die protzigen **Prachtvillen (8)** der reicheren Bewohner San Torins. Auf der in der Mündung der Torina liegenden Sandinsel, unweit des vernachlässigten **Boronangers (10)**, hat der Schmugglerkönig ♟ *Borono „das Ohr" Malmenheimer* (51, sehr klein, massig, abgeschnittene, vernarbte Ohren, blond gefärbter Haarkamm, buschige Augenbrauen, dicker kurzgehaltener Schnäuzer, teure Iryanlederrüstung, Handaxt; Werte siehe Seite **41**) seine überraschend bescheidene **Villa (9)** errichten lassen.

San Torin
Region: Piratennest im Nordwesten des Kemi-Reiches
Einwohner: etwa 250, je nach ankernden Schmuggler- und Piratenschiffen auch mehr
Herrschaft: Gouverneur Pedro de Sisy-Bennain
Tempel: Boron, Efferd- und Rahjaschrein
Handel und Gewerbe: Piraterie, Schmuggel, Hehlerei, Rauschkrautanbau
Stimmung in der Stadt: Schon seit seiner Gründung durch Piraten aus Brabak ist San Torin durch seine abgelegene Lage und die vielen natürlichen Buchten in der Umgebung ein idealer Ort für Piraterie und Schmuggel. Im Laufe der Jahre hat sich San Torin, obwohl sich der Ort nach dem gewonnenen Unabhängigkeitskrieg der Kemi Nisut Peri III. unterstellte, seine Unabhängigkeit bewahrt. Gesetze und Verordnungen aus dem fernen Khefu sind hier bestenfalls Empfehlungen; allein der Rat der Piratenkapitäne unter dem zwielichtigen Pedro de Sisy-Bennain bestimmt, was in der Stadt erlaubt ist und was nicht. Die Herrscherinnen in Khefu unternahmen nie den Versuch, dieses Treiben zu unterbinden, denn diese Versuche wären ebenso blutig wie ergebnislos zum Scheitern verurteilt gewesen. In der derzeitigen Situation hat sich San Torin nach dem Motto „Krieg ist gut für das Geschäft" für „neutral" erklärt, was beide Seiten akzeptieren: die Elatreuen, weil sie sich die Siedlung nach der zu erwartenden Niederlage gewogen halten wollen, die Rhôndatreuen, weil ihnen die Neutralität der Stadt und des Hafens lästige Störungen durch Piraten und Freischärler im Rücken fernhält. Beide Seiten sind mit Soldaten und Diplomaten in der Stadt vertreten, die sich oftmals begegnen, dabei aber niemals mit mehr als Spott und ein paar Schlägen gegeneinander vorgehen.

Leben und Sterben in San Torin

Was macht die Konkurrenz?

Mariano hat aus Zeitgründen und wegen der eher offenen Atmosphäre in San Torin darauf verzichtet, ausgeklügelte Verschleierungstechniken anzuwenden; deshalb ist es nicht schwer herauszufinden, dass er mit dem einflussreichen Schmuggler Borono „das Ohr" Malmenheimer und dessen „Prokuristen" ♟ *Igolf von Binsenbrot* zusammengetroffen ist. Nach einer kurzen, erfolgreichen Geschäftsbesprechung mit den beiden hat er die Stadt mit unbekanntem Ziel verlassen. Borono und Igolf sind die Einzigen, die wissen, dass das Echsengebiet im Westen sein Ziel ist.

Marvanas Schergen unter Alfonso de la Puente konnten ihren Vorsprung auf die Helden nutzen und rasch die Spur zu Igolf von Binsenbrot verfolgen. Es gelang ihnen, den gierigen Prokuristen mit einem sehr großzügigen Geldgeschenk recht aussagefreudig zu stimmen. Bevor sie ebenfalls ins Echsengebiet aufbrachen, haben sie noch einige Totschläger angeheuert, um die nun nutzlos gewordenen Helden zu beseitigen. Daria – falls diese nicht schon in Borons Hallen weilt – hält sich von San Torin fern, um die Helden so lange wie möglich über ihre Gruppe im Unklaren zu lassen.

Hamida hat in San Torin ihren Vorsprung verspielt, da sie keine Möglichkeit gefunden hat, bei Borono und Igolf Gehör zu finden, geschweige denn, diese zu Auskünften zu verleiten. Ihre Penetranz hat den Schmugglerkönig zudem so verärgert, dass er ihr unter wüsten Drohungen verboten hat, ihn weiter zu belästigen. Hamida hat beschlossen, nachts in das Anwesen des Prokuristen einzubrechen, um dort nach Spuren ihres treulosen Geliebten zu suchen.

Jorge, der zeitgleich mit den Helden per Floß eingetroffen ist, setzt sich ebenfalls umgehend auf die Spur Igolfs. Während sich die Helden noch mit den durch Marvanas Kopfgeldjägern angeheuerten Totschlägern auseinandersetzen müssen, dringt der Mörder zu Igolf vor, foltert und tötet ihn. Auch er kennt nun das Ziel Mariano ya Strozzas.

Spurensuche mit Hindernissen

Die Helden erreichen San Torin kurz vor Einbruch der Dunkelheit. Wenn sie es noch nicht von ihren Mitreisenden oder dem Flößer Weka-pê erfahren haben, reicht das Gespräch mit einem beliebigen am Anleger herumlungernden San Toriner aus, um herauszufinden, dass die Wirtin der Taverne *Igelfisch*, ♟ *Nate'ká* (33, Kemi-Waldmensch, breiter Mund, große Augen, kurzes schwarzes Haar, Tätowierungen, breit, muskulös, Entermesser, einfache, fleckige Tuchkleidung; Handel 9 (12/12/12), Willenskraft 9 (12/12/12), SK 1) über alles Bescheid weiß, was in der Stadt so vor sich geht.

Die Taverne liegt unmittelbar am breiten Sandstrand. Sie wurde auf einer großen hölzernen Plattform, die auf vier groben Holzstämmen ruht, errichtet und wird von einem aus Palmblättern gefertigten Dach geschützt. Die Wände bestehen aus Bambus, breiten Blättern und Treibholz und bieten somit einen eher dürftigen Sichtschutz. An einem Querbalken über der „Straße" vor der Taverne hängt an einer rostigen Kette ein großer, ausgestopfter Igelfisch. Die Einrichtung besteht aus ausgewaschenen Holzplanken über Fässern und dicken Palmenstämmen, die als Tisch und Sitzbänke dienen. Ein alter, prächtig verzierter Edelholzschreibtisch, der einstmals einem bornischen Kauffahrerkapitän die Kabine verschönerte, dient als Theke. Hinter der Taverne, neben gut einem Dutzend Fässern mit Rum und anderen scharfen Getränken, brennt ein großes Holzfeuer im Sand, über dem ein Dreibein errichtet wurde. Die Konstruktion hält einen großen, verbeulten Metallkessel, in dem rund um die Uhr ein Eintopf köchelt, den Nate'ká von Zeit zu Zeit mit Zutaten anreichert, die ihr gerade in die Finger kommen: Meeresfrüchte, Ananas – an guten Tagen sogar geschält -, mehr oder weniger frischer Fisch, Bananen mit und ohne Schale, Kokosnussfleisch und – wie glaubhafte Gerüchte sagen – sogar der eine oder andere Nager.

Kommen die Helden mit ihr ins Gespräch können sie die Zunge der Wirtin durch ein großzügiges Geldgeschenk lockern. Hilfreich ist es auch, wenn die Nachforschenden Speis und Trank der Taverne über den grünen Klee loben (*Etikette (Benehmen* oder *leichte Unterhaltung)* +1). Nate'ká kann berichten, dass der Horasier vor etwas mehr als einem Tag, mitten in der Nacht, mit drei Soldaten eingetroffen sei und sich am Morgen hier im *Igelfisch* mit Igolf von Binsenbrot und Borono, „dem Ohr" getroffen habe. Die Gesellschaft habe sich dann zu einer Besprechung in Igolfs Villa zurückgezogen. Der Horasier habe die Stadt noch am selben Tag verlassen, wohin weiß Nate'ká nicht. Ihre Vermutung ist, dass er in einer der abgelegenen Buchten im Westen auf ein Schiff gebracht wurde, um das Land zu verlassen. Ist es den Helden gelungen, bei der Wirtin besonderen Eindruck zu hinterlassen (*Überreden (Schmeicheln)* –1), berichtet Nate'ká, dass früher am heutigen Tag andere Leute dieselben Fragen an sie hatten: eine junge Tulamidin, die Borono und Igolf schnell lästig geworden sei, und kurz darauf einige Söldner, die ihrer Meinung nach aus Al'Anfa stammen mussten. Sie kann die Personen recht genau beschreiben.

Nate'ká ist auch die beste Quelle für allerlei Ausrüstungsgegenstände in San Torin. Sie ist in der Lage, von Heilkräutern über Dschungelausrüstung bis hin zu Waffen und Rüstungen alles zu besorgen. Sind ihr die Helden sympathisch, kann sie auch einen Heil- und einen Astraltrank

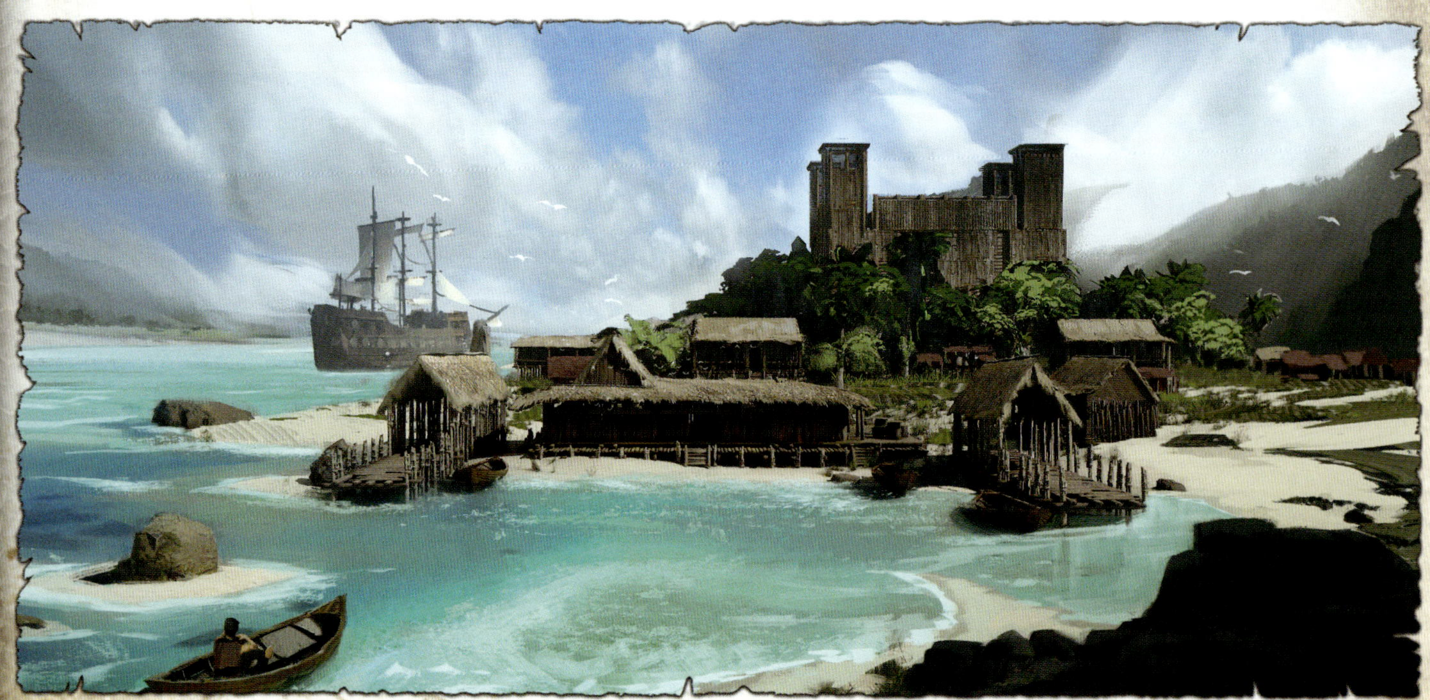

auftreiben. Die Waren sind von durchschnittlicher oder guter Qualität, kosten aber das Zwei- bis Dreifache des üblichen Preises.
Der *Igelfisch* ist außerdem die Hauptquelle für Informationen über San Torin und die dort herrschende Lage. Die Einheimischen reden gerne über ihre Stadt und sind einer Einladung zu einem Krüglein Branntwein niemals abgeneigt.

Ihr müsst wissen, dass … (1W6)

1 … dieser horasische Geck gestern Nacht hier eingetroffen ist und sogleich mit Igolf und dem Ohr ins Gespräch kam. Die haben sich sichtlich gut verstanden, also muss dieser Horasier ganz schön wichtig sein. Aber schnüffelt nicht zu viel rum, denn mit Igolf und seinem Boss, Borono, sollte man sich nicht anlegen. Die sind nicht zimperlich, und im Dschungel gibt es viele Orte, an denen man niemals gefunden wird. (+)

2 … die ganzen Rebellen hier nur sind, um die Stadt im Handstreich zu nehmen. Rhônda ist ganz wild drauf, unseren schönen Ort bis auf die Grundmauern niederzubrennen. (–)

3 … Borono den Horasier gefangen genommen hat. Er will ihn gegen ein hohes Lösegeld an die Al'Anfaner verkaufen. (–)

4 … Igolf und Borono horasische Agenten sind. Der Horasier ist ein Geheimagent aus Khefu, der den beiden neue Instruktionen erteilt. (–)

5 … wir uns hier um den Krieg nicht sorgen. Egal, wer gewinnt: Krieg ist gut für das Geschäft. (+)

6 … dies gute Zeiten für San Torin sind. Solange wir für Geschäfte mit jeder Seite offen sind, haben wir nichts zu befürchten. Beide Seiten brauchen uns. (+)

Der Rat der Kapitäne

Sowohl für al'anfanische als auch für horasische Helden ist es zwar kein Muss, aber auch keine schlechte Idee, sich näher mit dem Rat der Kapitäne zu befassen. Von den hier versammelten einflussreichen Seefahrern können die Helden sowohl bei ihrer derzeitigen Mission Hilfe erhalten als auch wichtige und strategische Bündnisse für die Nachkriegszeit schließen – ob diese letztendlich Rhôndas Einfluss in San Torin stärken oder den Sabotageakten der Horasier zugutekommen werden, liegt ganz bei der Motivation der Helden. Solltest du den Rat einbeziehen wollen, so kannst du je nach Notwendigkeit frei bestimmen, ob ein Treffen am Ankunftstag der Helden einberaumt ist oder erst später stattfinden soll. Um sich die Gunst der Kapitäne zu sichern, müssen die Helden ihnen bei deren vordringlichsten Problemen Unterstützung leisten – oder es glaubhaft versprechen (beispielsweise mit einer Probe auf *Überreden*).
Sollten die *Rabenkrallen* im Rat Freunde finden, so kannst du – entweder auf Anforderung oder auch in Situationen, in denen deine Spieler feststecken oder Unterstützung brauchen – jederzeit den einen oder anderen Piraten mit Informationen oder guter Bewaffnung auftauchen lassen, um ihnen über das Hindernis hinwegzuhelfen.

Vor etwa 170 Jahren errichtete der von den Piraten wie ein Heiliger verehrte ☠ *Torin „Hackfresse" Mendéz* an der versteckten und gut zu verteidigenden Schildkrötenbucht die ersten Hütten. Seitdem wird die vor den Nachstellungen durch Kriegsschiffe relativ sichere Seeräuberbasis von den sich derzeit vor Ort befindlichen einflussreichsten Seeräuberkapitänen „regiert". Die Siedlung wurde lange Zeit – je nach Bildungsgrad des entsprechenden Piraten – als „Refugium" oder auch „Drecksloch" bezeichnet und später, ihrem Gründer zu Ehren, in San Torin umbenannt. Dabei ist weder die Form noch die Kompetenz des Rates in irgendeiner Weise kodifiziert oder festgelegt – der Tradition nach ruft der derzeit mächtigste Kapitän diejenigen zusammen, die sich gerade vor Ort befinden und die er oder sie für bedeutend genug erachtet, berücksichtigt zu werden. Sollte sich ein Kapitän übergangen fühlen, so kommt es schon vor, dass er mir nichts, dir nichts plötzlich im Ratsgebäude erscheint und ein Mitspracherecht einfordert, was von den anderen Piratenanführern dann durchaus turbulent und ergebnisoffen diskutiert wird. Die Themen, die im Rat besprochen werden, betreffen in erster Linie Angelegenheiten, welche die Sicherheit und die Versorgung der Siedlung anbelangen, aber manchmal werden auch gemeinsame Raubzüge besprochen oder einfach nur eine verwegene Kaperfahrt gefeiert. Da sich die Piraten durchweg an den ihrer Zunft eigenen Kodex halten, funktioniert diese Art der informellen Regierung recht gut, und San Torin ist trotz der sich dort aufhaltenden Massen von Gesetzlosen ein relativ friedlicher Ort, an dem sich gut Geschäfte machen lassen – sofern man sich darauf versteht, mit den rauen Gesellen umzugehen. Die kem'sche Krone, der San Torin formal untersteht, beschränkt sich aufgrund ihrer Machtlosigkeit in der Siedlung seit Jahren nur darauf, den Ratsvorsitzenden offiziell als Gouverneur der Stadt anzuerkennen und den von ihm empfohlenen Kapitänen Kaperbriefe auszustellen. Dafür bleiben kem'sche Schiffe von den Seeräubern verschont, und bisweilen beschließt der Rat tatsächlich, einen von den Mitgliedern selbst als „angemessen" angesehenen Anteil an der Beute als „Steuer" nach Khefu abzuführen.
Der Rat der Kapitäne trifft sich regelmäßig zweimal in der Woche im *Palazzo Rosenschön*, dem Sitz des Gouverneurs von San Torin. Der zweistöckige Palazzo ist ganz aus Stein errichtet, mit rosa Farbe getüncht und weist zahlreiche Ziersäulen, verschnörkelte Verzierungen, Marmorstatuen im gepflegten Garten und eine edle, zusammengeraubte Einrichtung auf. Vor dem breiten, zweiflügligen Eingangstor stehen meist drei oder vier verwegen aussehende Seeräuber Wache, die neben der livrierten Dienerschaft zunächst niemanden einlassen.
Möchte man vor dem Rat sprechen, so muss man die Torwachen davon überzeugen, vorgelassen zu werden. Dabei können die *Rabenkrallen* ihre Chancen signifikant durch großzügige Angebote von Dingen, die den klassischen Seeräuber interessieren, erhöhen: Waffen, Alkohol jeglicher Art, Tabak, Kunstwerke oder Edelsteine als Geschenke können die Türen für eine Audienz weit öffnen (Probe auf *Überreden*, je nach Wert der gebotenen Geschenke um bis zu +4 erleichtert).

Der Rat selbst tagt an einer runden Tafel gleich im Vorraum des Palazzos, auf dem zahlreiche Würfel, Karten, Rumkrüge, Messer und Geldmünzen eher an eine Taverne als an ein Regierungsgebäude erinnern. Die Helden werden formlos dazugebeten; uniformierte Lakaien stellen Stühle für sie an die Tafel, ehe die Piraten die *Rabenkrallen* wie selbstverständlich in ihr Karten- oder Würfelspiel miteinbeziehen und mit Rum bewirten.

Insgesamt umfasst der Rat die fünf Kapitäne, die derzeit in San Torin den meisten Einfluss haben.

♟ *Pedro de Sisy-Bennain* (50, extravagante Turmfrisur, elfisches Blut, hochgewachsen, bis auf die überlange Nase sehr attraktiv, Willenskraft 8, SK 2). Der Gouverneur der Stadt behauptet von sich, albernisches Adelsblut in den Adern fließen zu haben. Pedro kommandiert ein großes und zwei kleinere Piratenschiffe und ist durch sehr erfolgreiche Fahrten zu erheblichem Wohlstand gekommen. Pedros Steckenpferd sind exotische Frisuren aller Art; und sein Wohlwollen findet man am ehesten dadurch, dass man sich als „Opfer" für seine durchaus kompetente, aber höchst experimentierfreudige Barbierkunst anbietet. Aber auch an wertvollen Kunstwerken zeigt sich der in Stil- und Modefragen äußerst bewanderte Gouverneur interessiert.

♟ *Ankh'sá, die Schwarze* (22, Kemi, kleinwüchsig, langes Haar, aufbrausend, streitlustig, meisterliche Trinkerin, Zechen 17, Raufen 16, Willenskraft 10, SK 1) ist die berühmteste Piratin, die das Kemi-Reich je hervorgebracht hat. Zu ihrem Ruf trugen wagemutige Angriffe gegen das schwarzmaraskanische Jergan, das al'anfanische Port Visar und ein dreister Überfall auf den Hafen von Festum nicht unerheblich bei. Ankh'sá misst sich für ihr Leben gern in Trinkwettbewerben oder in zünftigen Schlägereien und ist schnell dabei, diesbezüglich eine Herausforderung auszusprechen, die dann auch ohne große Formalitäten an Ort und Stelle ausgetragen wird. Wer in diesen Disziplinen mit ihr mithalten kann und niemals - unter keinen Umständen! - auf ihre Größe anspielt, erwirbt sich in ihren Augen ehrlichen Respekt.

♟ *Máket Neb „Torro" Torres del Palacio de Geranío y Fuentes* (32, dick, in Zöpfe gelegtes schwarzes Haar, buschige Augenbrauen und Vollbart, stechende grüne Augen, bedächtig, humorvoll) wirkt auf den ersten Blick gemütlich und umgänglich. Auf See aber ist er wegen seiner Kompromiss- und Skrupellosigkeit gefürchtet - so lässt er mit Vorliebe gefangene Offiziere über die Planke gehen oder an die Rah hängen, um so schon im Keim Meutereien und Gefangenenaufstände zu ersticken. Máket hat in seinem letzten Kampf mit einigen al'anfanischen Kriegsschiffen Pech gehabt, so dass seine Schivone *Santa Laguana* derzeit nicht auslaufen kann. Das Schiff liegt zwei Meilen westlich der Stadt am Strand und benötigt neben neuen Masten auch eine Komplettüberholung des Rumpfes und zwei neue Geschütze. Wer ihm bei der Instandsetzung helfen kann, sei es mit Materiallieferungen, kompetenten Schiffszimmerleuten oder Gold, kann sich seiner Unterstützung sicher sein.

♟ *Szschrszar* (unbestimmtes Alter, 2,20 groß, muskulös, braungrünes Schuppenkleid) war einstmals ein enger Vertrauter des Kemikanzlers de Cavazo, hat sich aber nach dessen Verschwinden auf die Seeräuberei verlegt. Der Waldinselachaz ist der brutalste Seeräuber der ganzen Kemiküste. Konzepte von Gnade und Milde sind ihm unbekannt und Gefangene, die kein Lösegeld versprechen oder nach Ärger aussehen, haben wenig Gutes zu erwarten, wenn sie in die Hände seiner zur Hälfte aus Achaz bestehenden Besatzung fallen. Durch seine rücksichtslose Kampfweise benötigt Szschrszar derzeit zehn oder mehr neue Besatzungsmitglieder, die sich aufgrund seines Rufs in San Torin nicht rekrutieren lassen. Können die Helden ihm hier Verstärkung zusagen oder beschaffen - besondere Kenntnisse sind nicht nötig, aber durchaus willkommen -, seien es Sklaven, Freigelassene oder verurteilte Verbrecher, so können sie auf sein Wohlwollen vertrauen.

♟ *Fahida „Tigerin" saba Mahnoor* (26, 1,78, hellbraune Locken, scharfes Gesicht, hager, schwerbewaffnet) ist erst seit ein paar Monden im Kapitänsrat von San Torin. Sie arbeitet für Derija Al'Plâne, die *de facto*-Herrscherin der kem'schen Inselprovinz, und hat den Auftrag, für ihre Herrin in Festlandskemi einen verlässlichen Stützpunkt für Handels- und Schmuggelrouten zu etablieren. Zwar haben sich die Al'Plânes der Inseln für Rhônda erklärt, aber es ist ein offenes Geheimnis, dass es Derija hauptsächlich um Profit geht und politische Erwägungen vorwiegend aus diesem Blickwinkel zu betrachten sind. Fahida hat demzufolge ein offenes Ohr für interessante Handelsvereinbarungen, vorzugsweise für einträgliche und exklusive Waren wie Rauschkraut, Gewürze, Edelsteine oder Sklaven. Persönlich hat die Aranierin ein Faible für exotische Waffen - ihr ganzer Stolz ist eine zwergische Zierarmbrust, die sie samt einer Byakka, einer Skraja und eines almadanischen Reitersäbels ständig mit sich herumschleppt. Können die Helden ihrer Sammelleidenschaft mit einem diesbezüglichen Geschenk entgegenkommen, so werden sie nicht nur in San Torin eine Verbündete gewonnen haben, sondern auch eine Fürsprecherin in der kem'schen Inselprovinz - falls die *Rabenkrallen* jemals eine solche benötigen sollten.

Eine zünftige Prügelei

Wenn die Helden mit Nate'ká gesprochen haben, schlägt die Stunde der Totschläger. Noch in der Taverne wird ihr Anführer, der ♟ *Blutige Brenno* (41, über 2 Schritt groß, muskulös, strähnige braune Haare, schmutziger Vollbart, buschige Augenbrauen, Schlagring; Werte siehe Seite **39**), einen der Helden anrempeln und einen Streit provozieren, in den seine Kameraden sogleich eingreifen. Die Helden merken schnell, dass es nicht um eine normale Kneipenschlägerei geht, sondern dass die Angreifer auf ihr Leben aus sind. Das hindert sie jedoch nicht daran, das Weite zu suchen, wenn ihre Lebensenergie auf ein Viertel gesunken ist. Während Nate'ká das Geschehen gleichmütig beobachtet, kann es durchaus sein, dass andere Kneipengäste in den Kampf hineingezogen werden; sei es, dass ein Hieb danebengeht, ein Stuhl einen Unbeteiligten trifft oder einer der Kämpfenden über einen reich gedeckten

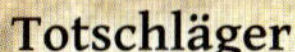

Blutiger Brenno
MU 15 **KL** 11 **IN** 13 **CH** 11
FF 12 **GE** 14 **KO** 15 **KK** 16
LeP 40 **AsP** – **KaP** – **INI** 15+1W6
AW 8 **SK** 2 **ZK** 3 **GS** 8
Waffenlos: AT 17 **PA** 10 **TP** 1W6+1 **RW** kurz
Schlagring: AT 17 **PA** 10 **TP** 1W6+2 **RW** kurz
RS/BE: 0/0
Vorteile/Nachteile: Zäher Hund
Sonderfertigkeiten: Verbessertes Ausweichen I, Wuchtschlag I+II (Waffenlos, Schlagring)
Talente: Einschüchtern 14, Körperbeherrschung 11, Kraftakt 15, Menschenkenntnis 9, Selbstbeherrschung 10, Sinnesschärfe 11, Willenskraft 6
Kampfverhalten: Der Blutige Brenno und seine Kumpanen traktieren die Helden mit wuchtigen Hieben ohne besonderes taktisches Vorgehen.
Flucht: Verlust von 75 % der LeP
Schmerz +1 bei: 30 LeP, 20 LeP, 10 LeP, 5 LeP oder weniger

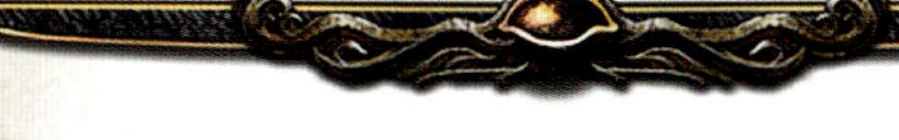

Totschläger
MU 14 **KL** 10 **IN** 13 **CH** 11
FF 12 **GE** 13 **KO** 14 **KK** 14
LeP 36 **AsP** – **KaP** – **INI** 14+1W6
AW 7 **SK** 1 **ZK** 2 **GS** 8
Waffenlos: AT 15 **PA** 9 **TP** 1W6 **RW** kurz
Schlagring: AT 15 **PA** 9 **TP** 1W6+1 **RW** kurz
RS/BE: 0/0
Vorteile/Nachteile: keine
Sonderfertigkeiten: Wuchtschlag I (Waffenlos, Schlagring)
Talente: Einschüchtern 12, Körperbeherrschung 9, Kraftakt 13, Menschenkenntnis 5, Selbstbeherrschung 8, Sinnesschärfe 7, Willenskraft 4
Kampfverhalten: Der Blutige Brenno und seine Kumpanen traktieren die Helden mit wuchtigen Hieben ohne besonderes taktisches Vorgehen.
Flucht: Verlust von 75 % der LeP
Schmerz +1 bei: 27 LeP, 18 LeP, 9 LeP, 5 LeP oder weniger

Tisch stürzt. Du kannst mit unerwarteten Alliierten oder zusätzlichen Feinden den Kampf so ausgestalten, wie es dem Zustand der Helden entspricht.
Passende Werte für andere Teilnehmer an der Kneipenschlägerei findest du z. B. im **Aventurischen Almanach** auf Seite **258**. Zufällig in den Kampf involvierte Kneipengäste ziehen sich sofort zurück, sobald sie schwere Treffer einstecken. Wird Brenno lebendig überwältigt, kann er den Helden seine Auftraggeber beschreiben.

Das letzte Puzzlestück

Haben die Helden den Anschlag im *Igelfisch* überstanden, werden sie vermutlich Igolf von Binsenbrot aufsuchen wollen. Seine Villa liegt am Westrand der Siedlung auf einem kleinen, von wild wuchernden, bunten Sträuchern und Büschen bewachsenen Hügel. Es ist ein zweistöckiges, verwittertes Holzhaus im Kolonialstil, das trotz der nimmermüden Arbeit des Zahns der Zeit immer noch Eleganz und Charme ausstrahlt. Als sich die Helden dem Haus nähern, können sie einen abgerissen aussehenden

Um den Spielern mehr Abwechslung zu bieten, kannst du den Aufenthalt der Helden in San Torin durchaus noch mit einigen Ereignissen ausschmücken. In diesem Fall ist die Gruppe aufgrund äußerer Umstände gezwungen, ihre Abreise ins Echsengebiet zu verzögern – denkbar wäre, dass die Achaz derzeit wegen eines heiligen Festes keine Fremden in ihrem Gebiet dulden oder ein Unwetter, das die Wege nach Zraah vorerst unpassierbar macht. Mögliche Ereignisse, die du nach Belieben ausgestalten und erweitern kannst, sind nachfolgend aufgelistet.

- **Die al'anfanische Galeere:** Vor der Küste San Torins treibt eine durch einen Sturm auf ein Riff geworfene al'anfanische Galeere mit deutlicher Schlagseite. Die Helden organisieren Boote und retten die Besatzung und möglicherweise sogar das Schiff – was ihnen eventuell neue, wertvolle Kontakte zu einem Grandenhaus einbringt.
- **Der Überfall:** Tulamidische Seeräuber überfallen San Torin und ziehen plündernd und mordend durch die Gassen. Die *Rabenkrallen* organisieren den Widerstand und schlagen die Eindringlinge gemeinsam mit den Einheimischen zurück.
- **Die Flüchtlinge:** In San Torin treffen drei oder vier Ruderboote mit horasischen und novadischen Flüchtlingen aus Qinsay ein. Der Rat der Kapitäne verfügt deren Internierung, um sie meistbietend zu verkaufen. Horasische Helden oder solche mit entsprechenden Moralvorstellungen befreien die Gefangenen oder verhandeln mit dem Rat der Kapitäne über deren Freilassung.
- **Ankh'sá die Schwarze:** In San Torin ist die berühmte kem'sche Piratin ♟ *Ankh'sá die Schwarze* (siehe Seite **38**) nach mondelanger Kaperfahrt erst kürzlich zurückgekehrt. Auf einem spontan organisierten Jahrmarkt werden seltene, skurrile und wertvolle Beutestücke verkauft. Die Helden können sich neben normaler Ausrüstung mit etwas Glück auch einige besondere Stücke sichern – beispielsweise eine antike horasische Prachtrüstung oder eine sehr wertvoll geschmückte, hervorragend gearbeitete Zwergenaxt. Auch magische Artefakte und Tränke sind denkbar, teilweise mit unbekannter oder fragwürdiger Wirkung: ein Paar Schuhe, das den Träger zwingt, nur noch rückwärts zu gehen, ein Amulett, das dem Anwender für eine gewisse Zeit eine leuchtend blaue Hautfarbe verleiht, oder eine magische Lampe, deren Dschinn denjenigen, der ihn daraus hervorruft, zu drei beliebigen Diensten zwingen kann.

Schwadenbeutel
Der Schwadenbeutel ist bei Dieben ein bewährtes Mittel, um für kurze Zeit Finsternis durch Rauch zu erzeugen. In einem Gebäude hält sich der Rauch 15 KR, außerhalb von Gebäuden 10 KR, bei Regen 5 KR, bei starker Witterung nur bis zum Ende der nächsten KR.
Typische Ingredienzien: Alraunenpulver, Asche verkohlter Tannenzapfen, schwefliges Wasser
Kosten der Ingredienzienstufe: 40 Silbertaler pro Stufe
Labor: archaisches Labor
Brauschwierigkeit: -1
Voraussetzungen (Brauvorgang): luftdicht
AP-Wert (Berufsgeheimnis): 3 AP
Qualitätsstufen:
1: In 3 Schritt Radius um den Beutel entsteht ein Sichtmodifikator der Stufe I.
2: In 3 Schritt Radius um den Beutel entsteht ein Sichtmodifikator der Stufe II.
3: In 3 Schritt Radius um den Beutel entsteht ein Sichtmodifikator der Stufe III.
4: In 3 Schritt Radius um den Beutel entsteht ein Sichtmodifikator der Stufe IV.
5: In 7 Schritt Radius um den Beutel entsteht ein Sichtmodifikator der Stufe IV.
6: In 15 Schritt Radius um den Beutel entsteht ein Sichtmodifikator der Stufe IV.

Jungen sehen, der mit bleichem Gesicht aus einem Nebeneingang stürmt und nach Süden davonstürmt (*Sinnesschärfe (Suchen)* -1) – der junge *Alrigio* (12, hager, langes braunes Haar, Sommersprossen, Zahnlücken, geflickte und fleckige Kleidung aus einfachem Stoff; Willenskraft 3 (12/11/11), SK 0) hat die grausam zugerichtete Leiche Igolfs gefunden und will bei Borono Hilfe holen. Jorge hat den Küchenjungen ignoriert; er stellt für ihn keine Gefahr dar. Die Helden finden die verzierte Eingangstür offen stehend vor und können, ohne aufgehalten zu werden, den geschmacklos mit allerlei Teppichen, Büsten, Bildern, Kissen und Möbeln eingerichteten Hauptraum betreten. Links steht eine weitere Tür einen Spalt weit offen, ein flackerndes Öllicht spendet ein wenig Helligkeit in der Dunkelheit. In der hinteren Ecke des Raumes, neben der geöffneten Hintertür, ist ein Diener mit seltsam hektischen Bewegungen und verbissenem Gesicht damit beschäftigt, Kleider zusammenzufalten und in einen Mohagonischrank einzuordnen. Die Helden können ihn als ihren wortkargen Mitreisenden vom Floß wiedererkennen. Das Erscheinen der *Rabenkrallen* reißt Jorge aus seinem Wahnschub und lässt ihn die Flucht vom Tatort fortsetzen – machen die Helden Anstalten, sich auf ihn zu stürzen, setzt er einen Schwadenbeutel (QS 4) ein und verschwindet durch die geöffnete Hintertür im Dunkel des Dschungels.
Betreten die Helden das Arbeitszimmer Igolfs, so bietet sich ihnen im flackernden Licht der Öllampe eine grausige Szenerie (*Willenskraft (Bedrohungen standhalten)*, bei Misslingen 1 Stufe *Furcht*).

Jorges Weg
Jorges Rolle im Abenteuer kann hier natürlich enden, sofern du im Finale auf den Attentäter und seine sprunghafte Art verzichten möchtest. In diesem Fall können die Helden den flüchtigen Mörder erfolgreich aufhalten oder ihn später aufspüren und töten oder gefangen nehmen. Jorge wird sich nur dann auf einen Kampf einlassen, wenn ihm keine andere Wahl bleibt. Ansonsten wird er mit seiner gewinnenden Art versuchen, zu irgendeinem Übereinkommen mit den Helden zu gelangen, das durchaus auch so aussehen kann, dass er sich für eine ordentliche Summe anheuern lässt. Freimütig klärt er die Helden auch über seinen Auftrag auf, für dessen Durchführung er 300 Dukaten erhalten hat. Den Namen seines Auftraggebers wird er unter keinen Umständen preisgeben, versichert den Helden aber, dass dieser im Familienumfeld des Gesandten anzusiedeln ist und nicht in den Kreisen der al'anfanischen Widersacher der Helden.
Wurde Jorge auf dem Floß bedrängt und ist er während der Fahrt von Bord gesprungen, erreicht er San Torin deutlich später als die Helden. In diesem Fall wird er sein mörderisches Werk ungestört verrichten können und kann im Finale zu einem beliebigen Zeitpunkt auftauchen. Die Helden treffen Igolf dann lebendig an und können mit diesem verhandeln. Der Prokurist ist einer großzügigen Bestechung nicht abgeneigt, wird sich aber gegen die Helden wenden, wenn plötzlich Borono „das Ohr" mit seinen Schlägern auftaucht, um den Schnüfflern den Garaus zu machen.

Zum Vorlesen oder Nacherzählen:
Geruch nach Kot, Urin und vor allem Blut steigt in eure Nasen, als ihr das dämmrige Arbeitszimmer betretet. Hinter dem Schreibtisch, an einen massiven Holzstuhl gebunden, grinst euch eine Alptraumgestalt aus leeren, blutigen Augenhöhlen an. Der Kopf des Mannes liegt schlaff auf der rechten Schulter und ähnelt in bizarrer Weise einem Totenschädel, der mit Blut, Haut und Haaren makaber verziert worden ist. Die Finger des Bedauernswerten sind in die Lehnen des Stuhles verkrallt; ein deutliches Zeichen für die unvorstellbaren Qualen, die der Ermordete vor seinem Tod erlitten haben muss. Ein langsam größer werdender Blutfleck in der Herzgegend zeigt an, dass zumindest sein Tod schnell gekommen sein muss. Wie zum Hohn liegen vor ihm auf der Tischplatte seine abgetrennten Lippen, die Nase, Ohren und Augen, akkurat ausgerichtet, als habe der Mörder versucht, die makabre Parodie eines Gesichts darzustellen. Es ist still in dem kleinen Raum, nur das leise Geräusch der Blutstropfen, die in nervtötender Regelmäßigkeit vom Schreibtisch zu Boden fallen, ist zu hören.

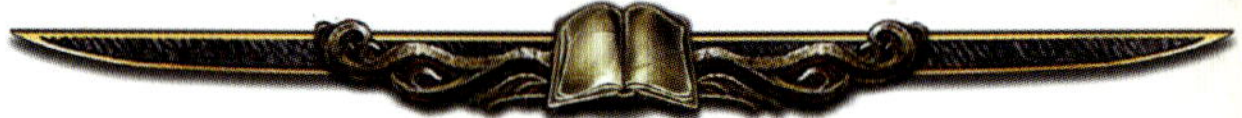

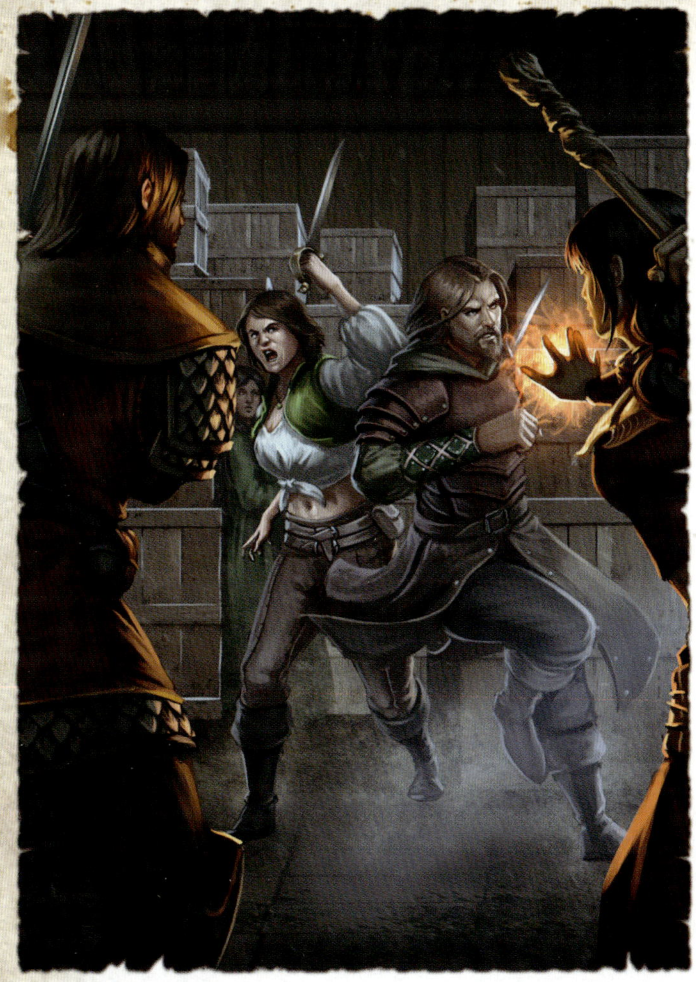

Borono „das Ohr“ Malmenheimer
MU 14 **KL** 13 **IN** 13 **CH** 12
FF 12 **GE** 15 **KO** 13 **KK** 12
LeP 32 **AsP** – **KaP** – **INI** 15+1W6
AW 8 **SK** 2 **ZK** 1 **GS** 8
Waffenlos: AT 15 **PA** 9 **TP** 1W6 **RW** kurz
Schwerer Dolch: AT 17 **PA** 9 **TP** 1W6+2 **RW** kurz
RS/BE: 3/0 (Lederrüstung) (Modifikatoren durch Rüstungen bereits eingerechnet)
Vorteile/Nachteile: Flink, Waffenbegabung (Dolche)
Sonderfertigkeiten: Belastungsgewöhnung I, Finte I (Schwerer Dolch), Präziser Stich I+II (Schwerer Dolch), Verbessertes Ausweichen I+II
Talente: Einschüchtern 10, Körperbeherrschung 8, Kraftakt 7, Menschenkenntnis 6, Selbstbeherrschung 9, Sinnesschärfe 11, Willenskraft 8
Kampfverhalten: Borono verlässt sich zunächst auf die Kampfkraft seiner Lakaien und greift erst selbst in den Kampf ein, wenn es notwendig wird.
Flucht: Verlust von 75 % der LeP
Schmerz +1 bei: 24 LeP, 16 LeP, 8 LeP, 5 LeP oder weniger

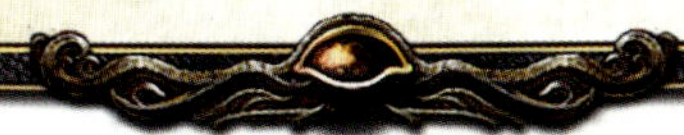

Boronos Lakaien
MU 13 **KL** 12 **IN** 12 **CH** 11
FF 12 **GE** 13 **KO** 13 **KK** 13
LeP 32 **AsP** – **KaP** – **INI** 12+1W6
AW 7 **SK** 1 **ZK** 2 **GS** 7
Waffenlos: AT 13 **PA** 7 **TP** 1W6 **RW** kurz
Knüppel: AT 14 **PA** 6 **TP** 1W6+2 **RW** mittel
RS/BE: 3/0 (Lederrüstung) (Modifikatoren durch Rüstungen bereits eingerechnet)
Vorteile/Nachteile: keine
Sonderfertigkeiten: Belastungsgewöhnung I, Finte I (Knüppel), Verbessertes Ausweichen I, Wuchtschlag I (Knüppel)
Talente: Einschüchtern 7, Körperbeherrschung 5, Kraftakt 8, Menschenkenntnis 5, Selbstbeherrschung 7, Sinnesschärfe 8, Willenskraft 6
Kampfverhalten: Die Lakaien greifen üblicherweise mit Wuchtschlägen an.
Flucht: Verlust von 75 % der LeP
Schmerz +1 bei: 24 LeP, 16 LeP, 8 LeP, 5 LeP oder weniger

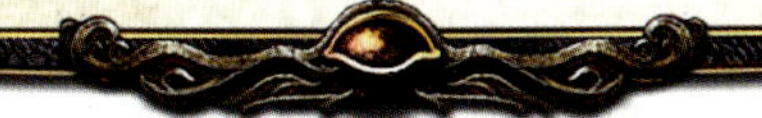

Das Arbeitszimmer des Prokuristen ist sparsam eingerichtet. Ein großes Regal an der Nordwand ist angefüllt mit Papieren und Büchern. Ein Stehpult mit Feder und Tinte, eine große verschlossene Truhe, die feine Kleidung enthält, und ein breiter Schreibtisch vervollständigen die Einrichtung. Im Schreibtisch finden die Helden neben einem mit 50 Dublonen gefülltem Geldsäckchen weitere Bücher, die Ein- und Ausgaben von Boronos Schmuggelring verzeichnen. Kundige Helden können den sparsam kommentierten Zahlenkolonnen entnehmen, dass das Geschäft Boronos zu florieren scheint (*Handel (Buchhaltung)*). Nehmen die Helden sich Zeit für die Bücher (mindestens eine Stunde lang), finden sie schließlich einen Ausblick, der Einkünfte und Ausgaben zur neuen Teerschmuggelroute durch das Achazgebiet prognostiziert.

Noch während die Helden den Tatort untersuchen, hören sie plötzlich Geschrei und Kampfeslärm vor dem Haus. Dort trafen die vom Küchenjungen Alrigio alarmierten Schläger Boronos gerade auf Hamida, die von den Schmugglern für die Mörderin Igolfs gehalten wird. Die bereits blutende Tulamidin hat gegen die sechs Schlagetots und Borono keine Chance und versucht, sich mit vorgehaltenem Zierdolch in die Sicherheit des Hauses zurückzuziehen – direkt in die Arme der Helden. Erspähen Borono und seine Schlagetots die Helden, stürzen sie sich mit wüsten Flüchen, Beschimpfungen und dem Ruf „Tod den Mördern!“ sofort auf sie. Hamida ist in dem folgenden Kampf keine große Hilfe, kann aber als letzter Rettungsanker dienen, falls ein Held in ernsthaften Schwierigkeiten ist. Sie weiß zwar nicht, wer die Helden sind und was sie in Igolfs Haus tun, doch in dieser Situation bleibt ihr nichts anderes übrig, als sich auf deren Seite zu stellen. Ist Jorge noch nicht in San Torin eingetroffen und Igolf noch am Leben, trifft Boronos Schlägertrupp zufällig an der Villa ein und dort auf Hamida und die Helden. In diesem Fall wendet sich Igolf sofort gegen die Helden und wird sie mit lauten Rufen als „Diebe und Einbrecher“ diffamieren.

Da Borono und seine Leute die Helden für Igolfs Mörder halten, kämpfen sie, bis sie das eigene Leben gefährdet sehen, es sei denn, den Helden gelingt es, die Angreifer davon zu überzeugen, dass sie den Prokuristen nicht getötet haben, was mitten im Kampf jedoch schwierig ist (*Überreden (Manipulieren)* –4).

Wird Borono lebend gefangen genommen, ist er bereit, den Helden alles zu erzählen, was er weiß. Er gesteht, dass Mariano ihn aufsuchte, um sich nach der sicher scheinenden Niederlage der Loyalisten Hilfe beim Schmuggeln von Teer ins Horasreich zu erkaufen, worauf sich der Schmugglerhauptmann gegen eine hohe Provision einließ. Borono weiß auch, dass sich der Gesandte auf den Weg zu den westlich von San Torin lebenden H'Zraah-Achaz gemacht hat, um mit diesen den Durchzug der Schmuggeltransporte durch ihr Gebiet zu verhandeln. Es sei nämlich davon auszugehen, dass die Torina nach dem Sieg der Rebellen und ihrer al'anfanischen Verbündeten von diesen für Warentransporte aus dem loyalistischen Landesinneren blockiert werden wird.

Al'anfanischen Helden bietet sich hier die Gelegenheit, diesen Plan zunichtezumachen und sogar einen einflussreichen und gewitzten Schmugglerkönig zu kaufen oder auf ihre Seite zu zwingen.

Was die Helden mit Hamida machen, bleibt ihnen überlassen. Sollten die Helden nicht über Kulturkenntnisse der Achaz-Völker verfügen und auch nicht deren Sprache sprechen, kann die Tulamidin hilfreich sein, denn ein ansehnlicher Teil ihrer Kundschaft stammte aus dem Achazviertel in Khefu. Hamida könnte ihre Kenntnisse auch dafür einsetzen, die genaue Lage Zraahs von den in San Torin lebenden Achaz in Erfahrung zu bringen. Überlassen die Helden Hamida sich selbst, wird sie nach ihrer Genesung die Suche nach Mariano wieder aufnehmen – doch das ist eine Geschichte, die weit nach diesem Abenteuer spielt.

Hamida saba Heshinna

Kurzcharakteristik: Die 24-jährige Hamida ist die in Khefu geborene Tochter tulamidischer Tuchhändler. Ihr Bekleidungsgeschäft in Khefu hat einen über die Kemi-Hauptstadt hinaus bekannten, guten Ruf. Die nur 1,59 Schritt große Frau ist tatkräftig, selbstbewusst und sehr temperamentvoll. Hamida ist eine überaus attraktive Erscheinung mit langem, wallendem schwarzem Haar, grünen Augen, einer kleinen Stupsnase und vollen Lippen. Als Lieferantin für die horasische Botschaft in Khefu lernte sie Mariano kennen und lieben. Ihre stürmische, von zerbrochenem Geschirr, leidenschaftlichen Nächten, lauten Auseinandersetzungen und romantischen Ausflügen dominierte Beziehung wurde vor kurzem von Mariano beendet, indem er ihr durch eine von einem Diener überbrachte knappe Notiz mitteilen ließ, dass er nunmehr andere Interessen verfolge als sie.

Funktion: Hamida dient als weiteres verwirrendes Element bei den Nachforschungen der Helden. Von ihr geht keine Gefahr aus, da sie sich kaum auf Kampffertigkeiten versteht. Später kann Hamida für die Helden von Nutzen sein, da sie Mariano nicht nur in- und auswendig kennt, sondern auch über hervorragende Kenntnisse in echsischer Kultur und Sprache verfügt.

Hintergrund: Hamida ist nicht gewillt, sich einfach von Mariano abservieren zu lassen. Nach einigen von Wut- und Traueranfällen geprägten Tagen hat sie Marianos Fährte aufgenommen – mit dem Ziel, diesem das Herz aus dem Leib zu schneiden. Obwohl sie es sich durch ihren Zorn nicht eingestehen kann, wäre sie niemals zu einer solchen Tat fähig und so wird sie, wenn es letztendlich zur Konfrontation mit Mariano kommt, diesem sein Verhalten verzeihen und sich auf seine Seite stellen.

Feindbilder: stillose Kleidung, grobe Worte, ungehobeltes Verhalten

Darstellung: Sprich schnell und dauernd, zeige Temperament, sei leicht beleidigt und eingeschnappt. Gehe keinem Streit aus dem Weg, versuche immer, das letzte Wort zu haben.

Besonderheiten: Hamida fällt es schwer, still zu sein.

Wichtige Werte: Menschenkenntnis 11 (16/14/16), Verkleiden 13 (14/16/15), Überreden 11 (12/14/16), Willenskraft 11 (12/14/16)

Schicksal: Hamida kann von den Helden in San Torin vor den Schergen eines Piratenkapitäns gerettet werden und von da an den Helden als Beraterin und Hilfe im Echsengebiet zur Verfügung stehen. Überlebt sie den Kampf in San Torin und lassen die Helden sie zurück, kann sie in der Echsenstadt erneut erscheinen, um, wenn notwendig, an der Seite Marianos in den Endkampf einzugreifen.

»Ich werde ihn töten! Ich werde ihn umbringen! Ich werde ihm die Augen ausstechen und die verlogene Zunge herausschneiden! Ich reiße ihm das Herz mit bloßen Händen aus dem Leib und werde es essen! Ach, Mariano, warum hast du mir das nur angetan?«

DER WETTSTREIT

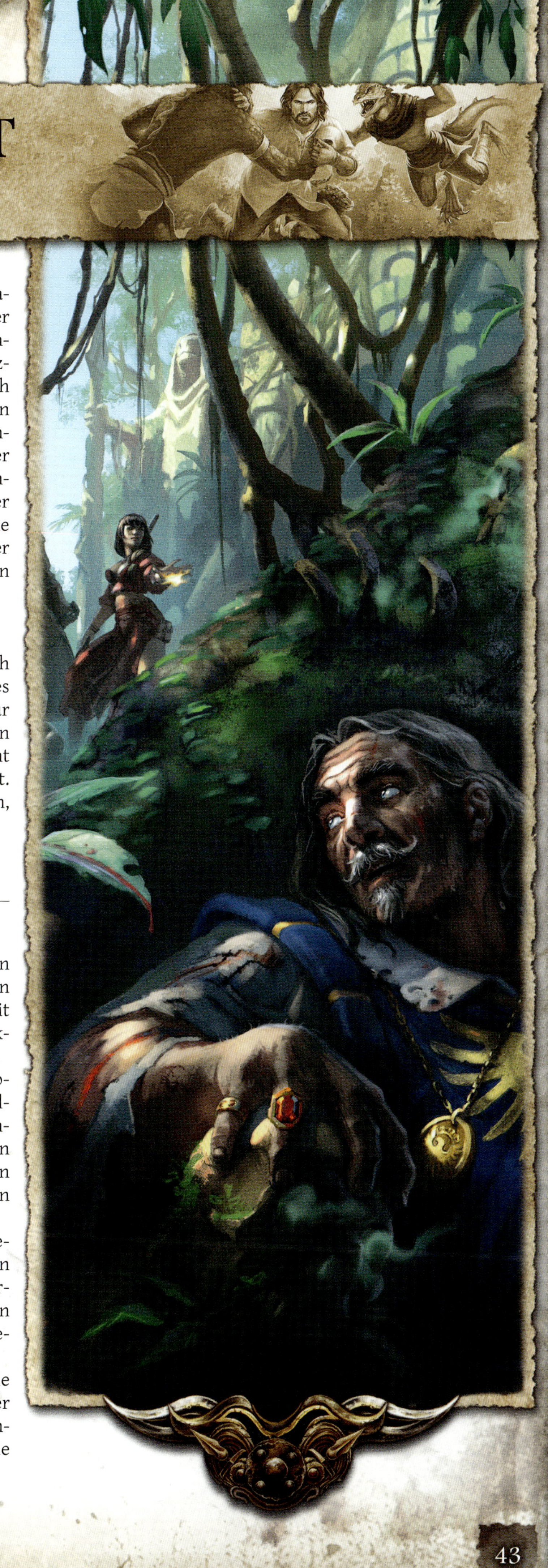

In der Echsenstadt Zraah treffen die Heldinnen auf Mariano ya Strozza, aber auch auf ihre Konkurrenten bei der Jagd nach dem horasischen Gesandten. Eine direkte Konfrontation ist aufgrund der strengen Gesetze des Achaz-Stammes zunächst nicht möglich. Allerdings ergibt sich eine günstige Gelegenheit, als die in Zraah versammelten Menschen zu einem *Krrnt*-Spiel gegen die Echsenmenschen eingeladen werden. Das raue Spiel, das mehr einer handfesten Rauferei als einem sportlichen Wettkampf ähnelt, bietet manche Möglichkeit, Mariano zu töten – oder dies zumindest glaubhaft vorzutäuschen. Als zusätzliche Herausforderung erweist sich dabei die Anwesenheit der anderen Parteien, die ihrerseits versuchen, die Situation auszunutzen, um ihre Ziele zu erreichen.

Von San Torin nach Zraah

Die Achaz-Stadt liegt in einem Sumpfgebiet südöstlich von San Torin. Die Gegend wird von den Menschen des Umlandes normalerweise gemieden, da sie nicht nur als lebensfeindlich gilt, sondern über die dort lebenden Echsenmenschen auch manches blutrünstige Gerücht im Umlauf ist. Feste Wege gibt es in der Gegend nicht. Wählen die Heldinnen die kürzeste Route querfeldein, benötigen sie für den Weg etwa einen Tag.

Was weiß mein Held über Achaz?

Probe auf *Geographie (Tiefer Süden)*

QS 1 – Achaz siedeln vornehmlich im warmen Süden Aventuriens, insbesondere in den Echsensümpfen. In Städten wie H'Rabaal, Selem und Brabak leben sie mit den Menschen zusammen beziehungsweise in direkter Nachbarschaft.

QS 2 – Im Dschungel Kemis und der Syllanischen Halbinsel finden sich nur selten Achazstämme. Diese halten sich meist versteckt, da viele Waldmenschenstämme der Umgebung sie als Feinde ansehen. Sie leben zurückgezogen in vereinzelten Stämmen und kleinen Reichen, die von Königen, Häuptlingen oder Priestern geführt werden.

QS 3 – Im Kemi-Reich werden die Achaz mit Respekt behandelt und leben in Frieden mit den Menschen. In der Hauptstadt Khefu existiert sogar ein Achaz-Viertel am Ufer des Astarôth, wo eine angesehene, den Menschen gegenüber aufgeschlossene echsische Gemeinschaft von Künstlern und Handwerkern lebt.

QS 4 – Es gibt einige wenige Achaz, die sich über die Widrigkeiten der Jahrtausende hinweg Reste der einstigen Hochkultur und ihrer Traditionen bewahren konnten. Diese sollen in der Stadt H'Rabaal sowie in abgelegenen Siedlungen und Kultplätzen tief im Dschungel und in verborgenen Tälern leben und kaum Kontakte zur Außenwelt unterhalten.

Probe auf *Geschichtswissen (Tiefer Süden)*

QS 1 – In der jüngeren aventurischen Geschichte spielten die Achaz keine bedeutende Rolle mehr und wurden von den Menschen zunehmend in entlegene Gebiete zurückgedrängt. In ferner Vergangenheit zählten sie jedoch zu den dominierenden Völkern des Kontinents.

QS 2 – Die Blütezeit der Achaz war das Zehnte Zeitalter, in dem sie gewaltige Reiche schufen, die weit über Aventuriens Grenzen hinausreichten. In dieser Zeit wurden Menschen Meridianas von den Geschuppten unterworfen und als Sklaven gehalten.

QS 3 – Die Hochzeit der Achaz ist bereits seit mehreren tausend Jahren vorüber, die Stämme der Gegenwart sind nur noch ein schwacher Widerschein der einstigen Hochkultur. Allerdings sollen einige Gemeinschaften noch immer machtvolles Wissen aus längst vergangenen Zeiten hüten.

QS 4 – Unter dem Drachen Pyrdacor erlebten die Achaz eine Blütezeit, nach dessen Niederlage verloren sie jedoch endgültig ihre Vorherrschaft über den aventurischen Süden.

Probe auf *Götter & Kulte (H'Ranga)*

QS 1 – Die Achaz verehren die H'Ranga, ein Pantheon verschiedener Götter und Wesenheiten. Ihr Glaube ist jedoch stark durch die Furcht vor dem Zorn der H'Ranga geprägt, den es zu vermeiden beziehungsweise zu besänftigen gilt.

QS 2 – Sie glauben an die Unsterblichkeit der Seele und damit einhergehend an eine ständige Wiedergeburt. Zu den bekanntesten H'Ranga der Achaz zählen die Fruchtbarkeitsgöttin Zsahh und die schlangengestaltige H'Szint, die als lebensspendende Göttinnen betrachtet werden.

QS 3 – Viele Stämme huldigen außerdem der jähzornigen Meeresgöttin Charyb'Yzz, dem Herrscher der Lüfte Chr'Ssir'Ssr, dem blutigen Zermalmer Kr'Thon'Chh und dem Totengott V'Sar.

QS 4 – Die Priester der H'Ranga sollen große Macht besitzen, innerhalb der Gemeinschaften der Achaz stehen sie meist an der Spitze und ihr Wort besitzt viel Gewicht. Die Beweggründe und Entscheidungswege der Priesterschaft sind nach menschlichen Maßstäben oft schwer nachzuvollziehen.

Probe auf *Sagen & Legenden (Tiefer Süden)*

QS 1 – Achaz können deutlich älter als Menschen werden. Die durchschnittliche Lebenserwartung liegt bei 130 Jahren. Dennoch scheinen die meisten Geschuppten ihre Vergangenheit vergessen zu haben.

QS 2 – Ähnlich wie die Waldmenschen des Dschungels nehmen auch die Achaz die überlieferten Traditionen und Verbote sehr ernst. Selbst ein unwissentliches Übertreten dieser oft eigentümlich erscheinenden Regeln kann deshalb dramatische Folgen haben.

QS 3 – Viele Unterhaltungsformen der Menschen sind den Achaz fremd, so können sie beispielsweise Musik nichts abgewinnen. Sie pflegen dafür aber eine Vielzahl eigener Rituale und Spiele, die oft auch eine religiöse Dimension besitzen.

QS 4 – In den uralten Tempelpyramiden der Achaz sollen Schätze von großem Wert verborgen sein, darunter das Geheimnis der Ewigen Jugend sowie Zaubermacht, die es ermöglicht, durch die Zeit zu reisen.

Die Stadt Zraah und ihre Bewohner

In vergangenen Zeitaltern beherrschten unterschiedliche Echsenvölker das gesamte Gebiet des heutigen Kemi-Reiches. Doch im Laufe der Zeit schwand der Einfluss der einstigen Hochkultur und die Achaz wurden zunehmend von den Menschen verdrängt. Inzwischen beschränkt sich ihr Einfluss auf wenige Siedlungsgebiete und Städte, die meist tief im sumpfigen, unwegsamen Dschungel liegen. Einer dieser Orte ist die Stadt Zraah im Norden Kemis, die kaum mehr als ein schwacher Widerschein ihrer einstigen Pracht und Größe ist. Die dort lebende H'Zraah sind ein kriegerisches, tapferes und zähes Volk. Sie werden von den umliegenden Waldmenschenstämmen gefürchtet, und auch die Kemi gehen ihnen wegen ihrer eigentümlichen Bräuche und Unberechenbarkeit lieber aus dem Weg. Gäste, auch Schuppenlose, werden von den H'Zraah toleriert, solange diese sich respektvoll verhalten und ihre Kultur und Bräuche respektieren und achten.

Zraah
Region: Achazterritorium südlich von San Torin
Einwohner: 320 Achaz vom Stamm der H'Zraah
Herrschaft: König Shsaat'rssah
Tempel: Kultstätten von Kr'Thon'Chh, H'Szint und Zsahh
Handel und Gewerbe: Jagd, Rohzutaten für alchimistische Produkte
Besonderheiten: große Stufenpyramide
Stimmung in der Stadt: Die Ausdehnung der Stadt lässt ahnen, dass hier einst weit mehr Achaz lebten, doch seit Jahrhunderten befindet sich Zraah im schleichenden Niedergang. Die Bewohner halten jedoch unverrückbar an den Traditionen und Gesetzen ihrer uralten Kultur fest, die auch eine pauschale Abwertung aller Warmblütigen beinhaltet. Die H'Zraah begegnen allem Fremden daher zunächst mit einer Mischung aus Neugier, Wachsamkeit und Misstrauen. Gleichzeitig neigen sie dazu, die aus ihrer Sicht minderwertigen Menschen und deren Fähigkeiten zu unterschätzen.

Die uneingeschränkte Herrschaft über den Stamm liegt bei König ♟ *Shsaat'rssah* (siehe unten), der sich bei wichtigen Entscheidungen von einem Gremium aus Hohepriestern der Gottheiten Kr'Thon'Chh, H'Szint und Zsahh beraten lässt. Geht es um die Sicherheit des Stammes, besitzen auch die Ratschläge der erfahrensten Jäger und Krieger ein gewisses Gewicht.

Wege in die Stadt

Die H'Zraah bewachen ihr Territorium, das bereits einige Meilen vor der Stadt beginnt, mit großer Sorgfalt, sodass es fast unmöglich ist, die Stadt unbemerkt zu betreten. Hinzu kommt, dass ein Mensch unter Achaz nicht weniger auffällig ist, als dies eine Echse in einer Menschenstadt wäre. Die besten Aussichten, sich Zraah heimlich zu nähern, bestehen bei Nacht, da die Achaz fast ausschließlich tagaktiv sind und in den Nächten, von wenigen Wächtern abgesehen, in Ruhestarre verfallen. Ein heimliches Vorgehen ermöglicht es den *Rabenkrallen,* das Terrain zunächst auszukundschaften. Es beinhaltet aber auch die Gefahr, im Falle einer Entdeckung als Bedrohung wahrgenommen und unmittelbar angegriffen zu werden. Geben sich die Heldinnen dagegen offen einem der Jagdtrupps zu erkennen, die an den Grenzen des von den Achaz beanspruchten Sumpfgebiets unterwegs sind, zeigen diese sich, sofern eine Verständigung gelingt, verhandlungsbereit. Das Territorium des Stammes auf eigene Faust zu betreten, wird den *Rabenkrallen* nicht gestattet, die H'Zraah sind aber bereit, sie zu einer Priesterin zu eskortieren, die darüber entscheidet, ob sie eine Audienz beim Herrscher der Stadt erhalten.

Willigen die Heldinnen ein, bringt man sie zunächst in ein verfallenes Wachhaus, einen kleinen, engen Steinturm am Rande der Stadt und bedeutet ihnen, diesen nicht zu verlassen. Nach geraumer Zeit erscheint die Zsahh-Priesterin ♟ *Sa'Chss* (*950 BF, grünes Schuppenkleid, rotgefärbter Rückenkamm, schlanker Hals, starrer Blick, unruhig züngelnde Zunge, neugierig; Willenskraft 7 (12/15/13), SK 1). Sie spricht recht gut Brabaci und informiert die Heldinnen, dass sie gekommen sei, um sie für die Audienz vorzubereiten. Dazu sei es zunächst erforderlich, dass sich die Gäste all ihrer Kleidung sowie Bewaffnung entledigen und die Waffen bis zu ihrer Abreise im Wachhaus zurücklassen. Ihre Kleidung dürfen sie erst nach der Audienz wieder anlegen. Heldinnen mit Scheu vor Nacktheit können gegebenenfalls eine Ausnahme erreichen und ein Lendentuch oder ein vergleichbares Kleidungsstück anbehalten, wenn es ihnen gelingt, Sa'Chss von dieser Notwendigkeit zu überzeugen. Als Argument ist dabei der Verweis auf ein religiöses oder in der „Stammestradition" der Heldinnen verwurzeltes Tabu der aussichtsreichste Weg.

Die Priesterin verlangt sodann, dass die *Rabenkrallen* sämtliche Körperbehaarung bis auf ihr Haupthaar entfernen, da die H'Zraah den Haarwuchs der Warmblüter als tierhaft und überaus abstoßend empfinden. Als Pendant eines Rückenkamms sind sie lediglich gewillt, Kopfhaar zu dulden. Verweigern sie sich dieser Anweisung, macht Sa'Chss deutlich, dass sie in diesem Fall nicht zum König vorgelassen werden. Sie schärft ihnen weiterhin ein, ihre „obszönen Schädelauswüchse" (Ohren) während des gesamten Aufenthalts in der Stadt sorgfältig bedeckt zu halten, wahlweise mit den eigenen Händen oder mit kleinen Kappen aus Schilfgras, die sie für die Gäste angefertigt hat. Während des Aufenthalts in der Stadt ist es ihnen verboten, jegliche Art von Auseinandersetzung mit den Bewohnern oder deren Gästen zu suchen. Sa'Chss ermahnt die Heldinnen eindringlich, dass ein Verstoß gegen diese einfachen Verhaltensregeln wie auch gegen die Bräuche der Achaz schwer bestraft werden wird und zu einer dauerhaften Verbannung aus dem Gebiet des Stammes führen kann.

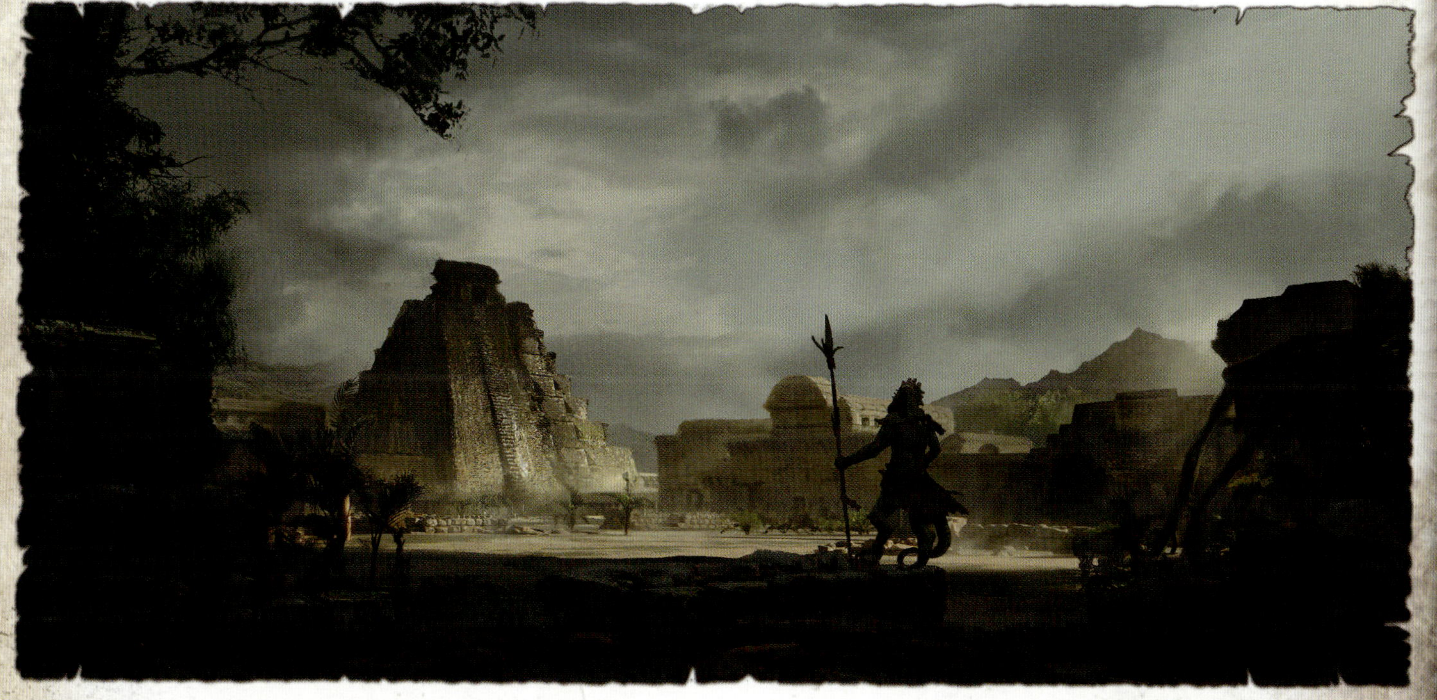

Sprachbarriere
Die meisten Bewohner der Stadt beherrschen die Sprache der Menschen nicht oder bestenfalls bruchstückhaft. Umgekehrt ist das von den Achaz gesprochene Rssaahh wegen seines Konsonantismus für Menschen nur äußerst mühsam zu erlernen. Zudem fällt es diesen schwer, die feinen Unterschiede auszumachen, die den Sinngehalt eines Wortes grundlegend ändern können. Von großer Bedeutung ist etwa das gehauchte „H“ (es hebt einen Begriff hervor und kennzeichnet ihn als etwas Heiliges) sowie das vorangestellte „A“ (als Indikator für „ewig“). Die Lippenlaute „P“ und „B“ sind für Achaz schwer auszusprechen und, ebenso wie das „V“, so gut wie nie am Wortanfang anzutreffen; und auch das „F“ gerät meist zu einem züngelnden Zischen.
Verfügt keine der Heldinnen über Kenntnisse des Rssaahh, beschränkt sich die Zahl derer, mit denen sie sprechen können, auf einige der Priester, und sie können sich den übrigen Bewohnern gegenüber nur durch Gesten verständlich machen. Haben eine oder mehrere *Rabenkrallen* während ihrer Ausbildung Grundkenntnisse der Sprache erlernt, können sie sich zumindest in einfachen Zusammenhängen (Hunger, Durst, Wege usw.) rudimentär mit den Achaz verständigen. Hierbei kannst du immer wieder Missverständnisse einbauen, um die Fremdartigkeit und die ungewöhnliche Denkweise der Echsenwesen zu betonen.
Mariano ya Strozza verfügt über solide Kenntnisse des Rssaahh und ist dadurch den Heldinnen gegenüber wahrscheinlich im Vorteil. Hamida besitzt ebenfalls Kenntnisse der Sprache und der Achaz-Kultur und kann sich als wertvolle Unterstützung erweisen. Jorge und Darias Schergen haben dagegen mit Verständigungsschwierigkeiten zu kämpfen.

Eine Audienz beim König

Nachdem alle Vorbereitungen zur Zufriedenheit der Priesterin vollzogen wurden, führt Sa'Chss die Heldinnen durch die Stadt zur großen Pyramide, wo der Herrscher der Stadt sie bereits erwartet.

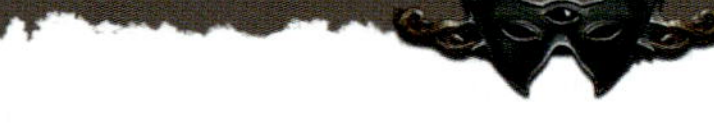

Zum Vorlesen oder Nacherzählen:
Eskortiert von acht Kriegern der Achaz folgt ihr Sa'Chss durch die Echsenstadt, deren gewaltige Ausmaße für euch erst jetzt erkennbar werden. Trotz des Verfalls, der an vielen Stellen Einzug gehalten hat, lassen die uralten Steingebäude noch immer das Erbe der einstigen Hochkultur erkennen. Der Weg zur zentralen Stufenpyramide ist von neugierigen Achaz jeden Alters gesäumt, die euch ungeniert anstarren und von eurem Anblick teils amüsiert, teils ekelerfüllt zu sein scheinen. Ihr versteht nicht viel von dem, was die Umstehenden in ihrer zischelenden Sprache sagen, aber Sa'Chss lässt euch wissen, dass es insbesondere die Ähnlichkeit eines bleichen, glänzenden Menschen mit den großen Nacktschnecken der Sümpfe ist, welche die Achaz gleichermaßen abstößt wie fasziniert.

Dicht umringt von eurer Eskorte werdet ihr die breiten Stufen zur Spitze der Pyramide hinaufgeführt und für einen Augenblick überkommen euch Zweifel, ob ihr wirklich als Gäste willkommen seid oder womöglich als Opfergabe für die blutdurstigen Götter der Geschuppten dienen werdet. Ihr erklimmt die letzte Stufe und steht vor einem hochgewachsenen Achaz mit grüngelbem Schuppenkleid, der einen reich mit Kristallen und Edelsteinen verzierten Bastmantel trägt. Neben ihm erblickt ihr das Ziel eurer Suche: Mariano ya Strozza. Er ist wie ihr bis auf sein Haupthaar komplett rasiert und unbekleidet. Ein Stück abseits stehen seine drei Leibwächter, die ein ganz ähnliches Bild bieten.

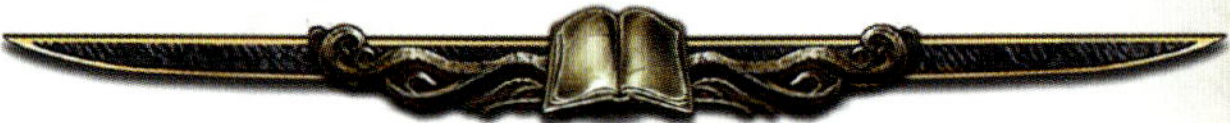

König Shsaat'rssah (siehe nachfolgenden Kasten) wendet sich an sein Volk und erklärt in einer kurzen Ansprache, dass er entschieden hat, die Warmblüter zu empfangen und ihre Worte anzuhören. Gleichzeitig versichert er, dass er, sollten die Fremden etwas tun, um die Aufmerksamkeit der H'Ranga auf Zraah zu lenken und deren Zorn zu erregen, nicht zögern wird, ihr Blut zur Besänftigung der Götter zu opfern, um die Stadt vor Unheil zu bewahren. Ob die Heldinnen seiner Rede folgen können oder möglicherweise nur einzelne Worte (Warmblüter, Unheil, Opfer ...) verstehen, hängt von ihren Sprachkenntnissen ab. Ist Hamida bei ihnen, kann sie übersetzen, andernfalls zeigt sich die Priesterin Sa'Chss bereit, die Rede des Königs nachträglich kurz zusammenzufassen.
Nachdem der König seine Entscheidung kundgetan hat, zerstreut sich die Menge der Achaz. Die horasische Delegation sowie die Heldinnen werden in einen kargen Raum unter der Spitze der Pyramide geführt, wo Shsaat'rssah ihnen in Gegenwart der drei wichtigsten Priester Audienz gewährt und sie auffordert, den Grund für ihr Kommen zu äußern. Sa'Chss informiert die Heldinnen, dass sich der König nicht mehr als notwendig durch den Kontakt mit ihnen beschmutzen will, weshalb nur der Vornehmste unter ihnen direkt das Wort an ihn richten darf. Den Übrigen ist es aber gestattet, sich mit dem Sprecher zu beraten, sofern sie dies leise und in angemessener Unterwürfigkeit tun.

Verhandlungen

Mariano nimmt die Anwesenheit der Heldinnen zwar mit sichtlicher Irritation zur Kenntnis, zögert aber nicht, dem König sein Anliegen zu schildern. Im Gegenzug für den sicheren Transport von Teer durch das Territorium der H'Zraah verspricht er die Lieferung von Erzen und Metallen zur Herstellung von Waffen sowie bunte Stoffe, geschliffene Glasperlen und andere Luxusgüter, die für die Achaz nur schwer zu beschaffen sind. Der Gesandte ist ein erfahrener Verhandlungsführer und trägt sein Angebot in nahezu flüssigem Rssaahh vor. Haben die Heldinnen weder Hamida bei sich noch eine andere Möglichkeit, der Unterhaltung zu folgen, kann die Achaz-Priesterin Sa'Chss erneut als Dolmetscherin

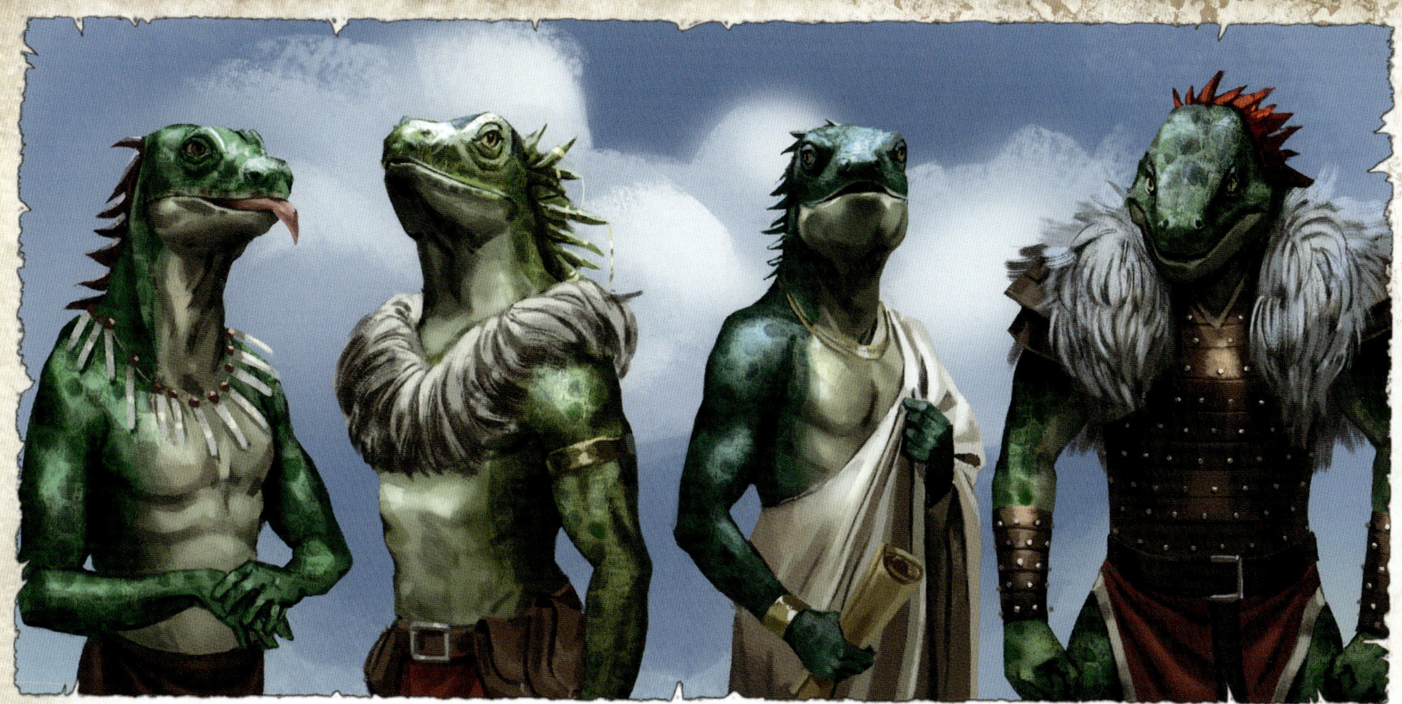

aushelfen. Andernfalls können sie nur erahnen, welches Angebot der horasische Gesandte macht.

Nachdem Mariano seine Rede beendet hat, wendet sich der König den *Rabenkrallen* zu, um deren Anliegen anzuhören. Je nachdem, welche Strategie sie verfolgen, können sie entweder eine harmlose Begründung für ihre Anwesenheit geben, um den Gesandten in Sicherheit zu wiegen oder sich als Soldaten Al'Anfas zu erkennen geben. Die Situation bietet ihnen die Gelegenheit, zu versuchen, die Verhandlungen des Gesandten zu stören, indem sie ihn unglaubwürdig machen oder ein Gegenangebot vortragen.

Haben sowohl Mariano als auch die *Rabenkrallen* ihr Anliegen vorgebracht, ist die Audienz beendet. Der König entlässt die Besucher und lässt sie wissen, dass er am nächsten Tag seine Entscheidung verkünden wird.

Heldinnen, die insgeheim auf Seiten des Horasreiches stehen, können auch den Versuch unternehmen, Mariano zu unterstützen, indem sie seine Argumente bekräftigen und die Vorteile eines Bündnisses mit dem Horasreich anpreisen oder vor der Gefahr durch die al'anfanische Invasion im Kemi-Reich warnen.

Eine Nacht unter Feinden

Alle Warmblüter werden zu einem stark verwitterten Steingebäude geführt, das aus einem einzigen großen Raum besteht. Man bedeutet ihnen, dass sie in dem kargen unmöblierten Raum die Nacht verbringen werden. Vor der Tür wachen drei Krieger der H'Zraah, die sicherstellen sollen, dass die Gäste das Gebäude nicht unerlaubt verlassen.

Als Verpflegung erhalten sie rohen Fisch sowie Saft aus gepressten Waldameisen und einen Krug mit Wasser, das einen leicht sumpfigen Beigeschmack hat. Wenn auch für Achaz gut verträglich, sind Speis und Trank für den menschlichen Körper nur bedingt geeignet. Sie lösen Magenschmerzen und Übelkeit aus, beim Verzehr größerer Mengen auch den Flinken Difar (siehe **Regelwerk** Seite **343**).

Die Mächtigen von Zraah

Als oberster Herrscher über die Stadt und das umliegende Territorium der H'Zraah ist ♟ *Shsaat'rssah* (*947 BF, grüngelbes Schuppenkleid, geschmückter Rückenkamm, würdevolle Haltung, sparsame Gesten, undurchschaubar; Willenskraft 12 (14/14/15), SK 2) es gewohnt, dass seinen Befehlen unverzüglich Folge geleistet wird. Auf Verweigerung oder gar offenen Widerspruch reagiert er mit Verblüffung, auf die rasch Verärgerung folgt. Es weckt jedoch auch seine Neugier, welch seltsame Laune jemanden, zumal einen minderwertigen Warmblüter, dazu verleitet haben mag, derart zu handeln. Bietet man ihm eine Erklärung, die ihn überzeugt, lässt er sich möglicherweise dazu bewegen, über den Fehltritt hinwegzusehen.

Neben der Zsahh-Priesterin Sa'Chss, die die Heldinnen bereits kennengelernt haben, gibt es noch zwei weitere Priester, die das besondere Vertrauen des Königs genießen und daher über beachtlichen Einfluss verfügen. Für den H'Szint-Priester ♟ *H'Sskr'zrran* (*986 BF, dunkelgrünes Schuppenkleid, schwach ausgeprägter Rückenkamm, starrer Blick, wissensdurstig, hochmütig; Willenskraft 6 (11/14/13), SK 2) liegt es unter seiner Würde, mit den Fremden zu sprechen. Sofern es ihnen nicht gelingt, durch ungewöhnliche Fähigkeiten und besonderes Wissen sein Interesse zu wecken, zeigt er ihnen die kalte Schulter. Dagegen begegnet die Kr'Thon'Chh-Priesterin ♟ *Rrim H'Rim* (*1009 BF, grünes Schuppenkleid, blutroter Rückenkamm, Bastrüstung, zahlreiche Kampfnarben, lauernd, entschlossen; Willenskraft 9 (16/14/11), SK 1) den Heldinnen, ebenso wie den anderen Fremden, offen feindselig. Sie macht keinen Hehl daraus, dass sie die Warmblüter für Eindringlinge hält und diese lieber heute als morgen erschlagen würde. Auch spart sie nicht mit Drohungen, beobachtet jeden Schritt der Menschen und scheint nur darauf zu warten, dass diese gegen eines der Gesetze von Zraah verstoßen.

♟ Mariano Demian ya Strozza

Kurzcharakteristik: Der geübte Fechter ist knapp 1,80 Schritt groß. Sein – trotz einer etwas großen Nase – sehr attraktives Gesicht wird von inzwischen dünn gewordenen, schulterlangen Locken geziert, die von grauen Strähnen durchsetzt sind. Ein nach oben gezwirbelter Schnurrbart und sein keckes Pendant am Kinn verleihen dem Gesandten trotz des unübersehbaren Wohlstandsbäuchleins ein verwegenes Aussehen.

Auf dem höfischen Parkett bewegt sich der gerne mit teuren Ringen, edler Kleidung und Amtskette extravagant gekleidete 61-Jährige ebenso sicher wie in den Dschungeln des Südens. Seine Karriere geht ihm über alles, für den Horas ist er bereit, jede Grenze zu überschreiten und jede Rücksicht zu vergessen. Das und seine einnehmende Art machen ihn zu einem nicht zu unterschätzenden Gegner.

Funktion: Mariano ist in diesem Szenario die Zielperson der *Rabenkrallen* und der Schergen Marvanas. Sein Tod ermöglicht al'anfanischen Heldinnen den Aufstieg in der Gunst Oderins; horasische Heldinnen werden durch ihn mit einem neuerlichen Dilemma konfrontiert.

Hintergrund: Mariano ist von der Überlegenheit der Horasier felsenfest überzeugt und hält alle anderen Völker dem seinen für intellektuell und kulturell weit unterlegen. Seine konfrontative, imperialistische Politik im Kemi-Reich hat ihn bei den einheimischen Eliten und auch beim einfachen Volk verhasst gemacht, doch das kümmert ihn wenig. Seine rege Hilfe für den loyalistischen Widerstand beruht nicht auf Sympathie für die elatreuen Kemi, sondern einzig und allein auf dem Wunsch, das Land, das er nur zu gerne als offizielle Kolonie des Horasreiches regiert hätte, nicht komplett dem verhassten al'anfanischen Feind in die Hände fallen zu lassen. Er ist sich bewusst, dass Rhôndas Sieg kaum zu verhindern ist. Mit seiner waghalsigen Unternehmung versucht er, mithilfe loyaler Kemi, Schmuggler und Achaz den Nachschub von Teer für die horasische Flotte auch für die Nachkriegszeit zu sichern.

Feindbilder: Al'Anfaner, Kemi, Novadis

Darstellung: Sprich pointiert und abgehoben. Sei sarkastisch, herablassend und treibe dein Gegenüber zur Weißglut, indem du es ignorierst, durch Bonmots beleidigst und auf Provokationen nicht eingehst. Sei ernst, hart und beharrlich, wenn du mit Freund oder Feind verhandelst. Der Horas und dessen Macht gehen dir über alles – auch über dein eigenes Leben.

Wichtige Werte: Etikette 16 (16/16/17), Menschenkenntnis 14 (16/16/17), Überreden 12 (16/16/17), Persönlichkeitsschwäche (Arroganz, Vorurteile gegen Kemi, Al'Anfaner und Novadis), Geländekunde (Dschungelkundig), Waffenlos AT/PA 16/8, Fechtwaffen AT/PA 17/9

Schicksal: Marianos Schicksal liegt in der Hand der Heldinnen. Wie sie am Ende mit ihm verfahren, bleibt ihnen überlassen, da der Gesandte so oder so aus dem Krieg ausscheidet.

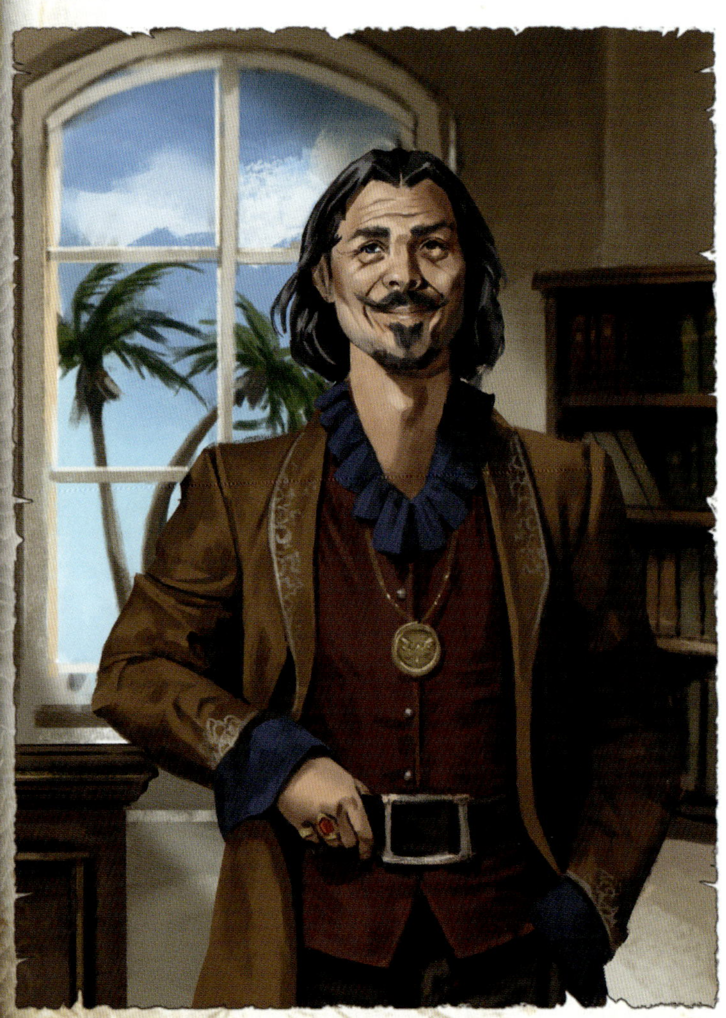

»Oh, ich dachte, die Dünste des Sumpfes seien es, die meine Nase beleidigen. Dabei ist es wohl eher Euer Duftwasser. Ich bin immer wieder überrascht, dass ihr Südländer so wenig von Körperpflege haltet.«

»So, da seid Ihr also endlich. Ich hatte schon viel früher mit euch gerechnet. Der gute Oderin ist niemand, der sich gerne in die Suppe spucken lässt, nicht wahr? Also, wie wollen wir diese unglückliche Situation nun zu einem Ende bringen?«

Der horasische Gesandte wird von drei erfahrenen Leibwächtern begleitet (Werte siehe Seite **49**):

♟ *Rondriga Scardeoni* (42, muskulös, herbe Gesichtszüge, Kreuznarbe an der Wange, laute Stimme, selbstbewusst, wachsam) ist eine abgebrühte Veteranin des horasischen Thronfolgekrieges und Wortführerin des Trios. Sie nimmt ihre Aufgabe sehr ernst, daher betrachtet sie die *Rabenkrallen* und die anderen anwesenden Menschen von Anfang an mit einer gesunden Portion Misstrauen und lässt sie nicht aus den Augen.

♟ *Yulio Novara* (47, wohlgenährt, Hautbild einer Meerjungfrau an der rechten Schulter, sorgfältig gepflegte Füße, gemütlich, fröhlich) sieht Mariano ya Strozza zumindest bei flüchtiger Betrachtung verblüffend ähnlich. Yulio ist in der Vergangenheit bereits gelegentlich als dessen Doppelgänger aufgetreten und in dessen Kleidern durch Khefu spaziert, um die heimliche Abwesenheit des Gesandten zu verschleiern.

Leibwächter
MU 15 **KL** 12 **IN** 14 **CH** 11
FF 13 **GE** 15 **KO** 14 **KK** 14
LeP 40 **AsP** – **KaP** – **INI** 14+1W6
AW 7 **SK** 2 **ZK** 2 **GS** 7
Waffenlos: AT 16 **PA** 9 **TP** 1W6 **RW** kurz
Säbel: AT 16 **PA** 9 **TP** 1W6+3 **RW** mittel
RS/BE: 3/0 (Lederrüstung) (Modifikatoren durch Rüstungen bereits eingerechnet)
Vorteile/Nachteile: keine
Sonderfertigkeiten: Aufmerksamkeit, Belastungsgewöhnung I, Beschützer, Finte I+II (Waffenlos, Säbel), Verteidigungshaltung, Wuchtschlag I (Waffenlos, Säbel)
Talente: Einschüchtern 12, Körperbeherrschung 11, Kraftakt 12, Menschenkenntnis 12, Selbstbeherrschung 13, Sinnesschärfe 14, Verbergen 10, Willenskraft 11
Kampfverhalten: Die Leibwächter schützen sich und vor allem ihren Auftraggeber.
Flucht: Verlust von 75 % der LeP
Schmerz +1 bei: 30 LeP, 20 LeP, 10 LeP, 5 LeP oder weniger

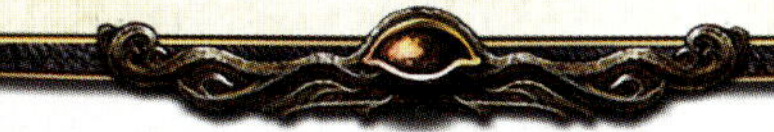

Kedo Zubertin (25, hager, blass, feingliedrige Finger, schweigsam, aufmerksamer Beobachter) ist ein bestenfalls durchschnittlicher Kämpfer, kennt sich dafür aber vorzüglich mit der Wundheilung sowie der Heilung (und Nutzung) von Giften aus. In jungen Jahren wurde er wegen eines Diebstahls des Anatomischen Instituts in Vinsalt verwiesen und fand in Marianos Diensten eine neue Bestimmung. Wie seine beiden Kameraden ist er dem Gesandten treu ergeben.

Beschützer (passiv)•

Große Heldinnen zeichnet Opferbereitschaft aus. Was wäre ein größeres Opfer, als sich vor den Angriff zu werfen, der einen Freund bedroht? Nicht immer bedeutet jemanden beizustehen gleich den eigenen Tod, aber es besteht ein hohes Risiko und es wird zunehmend schwieriger, sich selbst zu schützen.

Regel: Die Abenteurerin kann gegnerische Attacken für Gefährten parieren. Dazu muss der Gegner in Angriffsdistanz sein und die Heldin eine ihrer eigenen Reaktionen als PA nutzen. Sollte die PA misslingen, kann der ursprünglich angegriffene Gefährte immer noch versuchen, den Angriff zu verteidigen.••

Voraussetzungen: GE 15
Kampftechniken: Dolche, Fechtwaffen, Hiebwaffen, Schilde, Schwerter, Stangenwaffen
AP-Wert: 20 Abenteuerpunkte

• Marianos Leibwächter können diese Sonderfertigkeit nur einsetzen, falls sie eine Waffe tragen – zur Not einen Stock, den sie vom Boden auflesen.

•• Reichweitenvorteile bzw. -nachteile von Nahkampfwaffen kommen nur bei der ursprünglichen Kampfpaarung zum Tragen. Die Beschützerin und der Widersacher verzichten bei ihrem Konflikt auf Reichweitenberechnungen. Wie üblich wird zudem die Verteidigung der Beschützerin pro PA in der gleichen KR um –3 schwieriger.

Weitere Besucher

Noch während Mariano, dessen Leibwächter und die Heldinnen sich mit der neuen Situation arrangieren, treffen weitere Neuankömmlinge ein. Als erster erscheint Jorge, der selbstbewusst behauptet, ein Abgesandter von König Mizirion III. von Brabak zu sein.
Kurz darauf bringen die Wächter zwei weitere Menschen, die nahe der Stadtgrenze aufgegriffen wurden. Es handelt sich um den al'anfanischen Söldner *Terlo Barrera* (*1009 BF, Halbglatze, prächtiger Schnurrbart, grobschlächtig, heisere Stimme, nachtragend, gründlich; Werte siehe Seite **57**) und die Kemi *Tá'meri Sekem* (*1020 BF, pechschwarzes Haar, engstehende Augen, volle Lippen, gezackte Narbe am Unterarm, aufmerksam, gierig; Werte siehe Seite **57**). Sie geben vor, Kopfgeldjäger und auf der Jagd nach Dieben zu sein, die sich ins Stammesgebiet geflüchtet haben. In Wahrheit gehören sie jedoch zu Darias Truppe. Diese hatte ursprünglich geplant, außerhalb des Territoriums der Achaz auf die Rückkehr Marianos zu warten, um ihm dann einen Hinterhalt zu legen, durch die Ankunft der Heldinnen ist sie nun aber in Zugzwang geraten. Die beiden Kopfgeldjäger sind bei dem Versuch ertappt worden, sich heimlich in die Stadt zu schleichen. Sie haben den Auftrag, den *Rabenkrallen* zunächst auf die Finger zu schauen und dann Daria zu berichten. Sofern sich eine Gelegenheit bietet, sollen sie den Heldinnen nach Kräften schaden.

Was tun?

Die Heldinnen können die folgende Nacht nutzen, um mit den anderen Parteien ins Gespräch zu kommen. Je nachdem, welche Ziele sie verfolgen mag ein diskretes Gespräch mit Mariano, Jorge oder den beiden Kopfgeldjägern aussichtsreich erscheinen. Es besteht auch die Möglichkeit, einen oder mehrere der Achaz-Priester um ein Gespräch zu bitten. Während die neugierige Sa'Chss einer Unterhaltung vergleichsweise aufgeschlossen gegenübersteht, bedarf es bei H'Sskr'zrran und Rrim H'Rim guter Argumente oder eines geeigneten Anreizes, damit sie sich auf ein Gespräch mit den Warmblütern einlassen.
Erschwert werden vertrauliche Unterredungen dadurch, dass der Raum zwar groß ist, aber keine abgeschlossenen Nischen enthält oder anderweitige Rückzugsmöglichkeiten bietet, die Privatsphäre ermöglichen würden. Daher sind in allen Fällen lediglich

geflüsterte Unterhaltungen möglich, wenn die Heldinnen vermeiden möchten, dass die übrigen Anwesenden etwas über den Inhalt des Gesprächs erfahren. Hinzu kommt, dass alle Parteien einander misstrauen und sich argwöhnisch im Auge behalten.
Haben sich die Heldinnen bei der Audienz dem Gesandten gegenüber feindselig gezeigt, verschanzt dieser sich hinter seinen Leibwächtern und zeigt wenig Interesse an einer Unterhaltung. Gleiches gilt, wenn die *Rabenkrallen* von Hamida saba Heshinna begleitet werden. Sie lässt keine Gelegenheit aus, ihren ehemaligen Liebhaber zu beschimpfen, und legt dabei, wenn die Heldinnen sie nicht bremsen, eine beachtliche Ausdauer und Fantasie an den Tag.
Heldinnen, die insgeheim auf Seiten des Horasreiches stehen, können die Nacht nutzen, um Mariano über die Lage ins Bild zu setzen und versuchen, gemeinsam mit ihm Auswege aus dem Dilemma zu suchen.

Scheuen die Heldinnen nach ihren bisherigen Erlebnissen nicht davor zurück, Kontakt zu Jorge zu suchen, erweist sich dieser als einem Plausch nicht abgeneigt. Seine größten Schwächen sind seine Selbstverliebtheit und sein Glaube an die eigene Überlegenheit. Gewinnen die Heldinnen sein Vertrauen oder bringen sie ihn dazu, mit seinen Erfolgen zu protzen, offenbart er seinen eigentlichen Auftrag. Unter Umständen ist er sogar bereit, mit den *Rabenkrallen* zusammenzuarbeiten, sofern sie bereit sind, ihm das „Kunstwerk" des Mordes zu überlassen. Am Kopf Marianos hat er kein Interesse, da sein Auftraggeber als Beweis für den erfolgreich durchgeführten Auftrag lediglich ein handtellergroßes Stück Haut vom Rücken des Gesandten verlangt hat, auf dem sich ein charakteristisches Muttermal befindet.
Ein Anschlag auf den Gesandten noch in dieser Nacht erscheint in Anbetracht der anderen anwesenden Menschen, der Wächter an der Tür und den Hunderten Achaz in den umliegenden Gebäuden mehr als riskant. Ein anschließendes, unbemerktes Entkommen aus dem Territorium der H'Zraah wäre kaum möglich.

Ungeduldige oder zögernde Heldinnen
Der weitere Handlungsverlauf des Abenteuers ist darauf ausgelegt, dass die Heldinnen das Krrnt-Spiel am folgenden Tag nutzen, um Mariano ya Strozza zu töten (oder dessen scheinbaren Tod zu inszenieren). Es ist jedoch nicht ausgeschlossen, dass deine Spieler andere Pläne entwickeln, wie sie mit der Situation verfahren wollen.
Nachdem sie ihre Zielperson endlich aufgespürt und eingeholt haben, könnten die *Rabenkrallen* auf die Idee kommen, nicht länger zu warten und ihren Auftrag unverzüglich auszuführen. Die Umstände sollten ihnen aber deutlich machen, dass ein Anschlag auf den Gesandten in ihrer momentanen Lage ein hochriskantes Unterfangen und ein eindeutiger Verstoß gegen die Gesetze der Achaz wäre.
Andererseits könnten die Heldinnen auch auf die Idee kommen, abzuwarten, bis Mariano die H'Zraah wieder verlässt, und ihn dann auf dem Rückweg abzufangen. In diesem Fall kannst du Zeitdruck aufbauen, indem die *Rabenkrallen* erfahren, dass dem Gesandten im Falle erfolgreicher Verhandlungen eine Eskorte aus Achaz-Kriegern zur Seite gestellt werden soll. Es gilt also zu handeln, ehe das Krrnt-Spiel endet und der König eine endgültige Entscheidung getroffen hat.
Grundsätzlich sind aber auch an dieser Stelle des Abenteuers alternative Handlungsverläufe denkbar, die am Ende in die Situation münden, die für den nächsten Teil der Kampagne als gegeben vorausgesetzt wird (Mariano ya Strozza ist tot oder wird für tot gehalten). Wenn deine Spieler eine vielversprechende Strategie entwickeln, wie sie auf anderem Wege ihr Ziel erreichen können und diese gerne verfolgen möchten, kannst du ihnen den Erfolg gönnen und den letzten Teil des Abenteuers entsprechend anpassen.

Aussichtsreicher erscheint das Warten auf eine günstigere Gelegenheit am nächsten Tag.

Der Wettkampf

Eine Gelegenheit für die *Rabenkrallen*, ihren Auftrag durchzuführen (oder dies zumindest glaubhaft vorzutäuschen), bietet sich am nächsten Morgen. Die menschlichen Gäste werden von einem Achaz-Krieger geweckt, der sie auffordert, ihm zu folgen. Er bringt sie zu einem ebenen Feld am Fuße der großen Pyramide, wo König Shsaat'rssah und die drei Priester bereits auf sie warten. Auch die übrigen Bewohner der Stadt strömen herbei, um das folgende Schauspiel zu beobachten. Der König verkündet, dass er entschieden hat, den Warmblütern eine Möglichkeit zu geben, ihre Fähigkeiten und ihre Entschlossenheit unter Beweis zu stellen, indem sie sich mit einer Gruppe junger Achaz bei einem *Krrnt*-Spiel messen. Shsaat'rssah verlangt, dass alle anwesenden Menschen an dem Wettkampf teilnehmen und erklärt diese zu einer Mannschaft, selbst dann, wenn am Vortag offenbar geworden ist, dass Mariano und die Helden unterschiedliche Ziele verfolgen oder protestiert wird.
Die Kr'Thon'Chh-Priesterin Rrim H'Rim erklärt den Warmblütern sodann die Regeln des Spiels. Da ihre Kenntnisse des Brabaci begrenzt sind und sie zudem einige Aspekte, die innerhalb ihrer Kultur als selbstverständlich gelten, stillschweigend als bekannt voraussetzt, kann es leicht zu Missverständnissen kommen. Zusätzlich entsteht Unruhe in der Gruppe der Menschen, da sowohl Hamida als auch Tá'meri das Gerücht kennen, dass die Achaz die Verlierer eines solchen

Wettkampfes traditionell ihren Göttern opfern. Dies entspricht zwar nicht der Wahrheit, Rrim H'Rim genießt jedoch die aufkommende Unsicherheit bei den Warmblütern und antwortet daher auf entsprechende Rückfragen so vage, dass offenbleibt, was mit Siegern und Verlierern geschehen wird.

Die Gegner
Da die Warmblüter als minderwertige Rasse und wenig herausfordernder Gegner betrachtet werden, handelt es sich bei den Achaz, gegen welche die Helden und die anderen Menschen antreten müssen, um eine Gruppe Jugendlicher, die ihre letzte Häutung, das heißt den Übertritt ins Erwachsenenalter und damit den Status als vollwertige Mitglieder der Gesellschaft, noch nicht erreicht haben. Sie sind im Schnitt einen halben bis ganzen Kopf kleiner als die ausgewachsenen Stammesmitglieder. Ihre Anzahl entspricht jener der teilnehmenden Menschen. Das Ziel der jungen Achaz ist, den Wettstreit zu gewinnen; von den internen Querelen der Warmblüter nehmen sie keine Notiz und zeigen auch kein Interesse daran, sich in diese einzumischen.

Schädeljagd

Der Wettstreit beginnt mit der Übergabe der Schädel durch Rrim H'Rim und endet, sobald eine der beiden Gruppen ihre Trophäe ins Ziel gebracht hat. Dazu sind insgesamt fünf Etappen zu bewältigen. Der menschlichen Gruppe bleibt nur wenig Zeit, sich abzusprechen und sich auf eine gemeinsame Vorgehensweise zu einigen – sofern die Helden das überhaupt versuchen; weder der Gesandte noch Jorge oder die Kopfgeldjäger Darias werden von sich aus den ersten Schritt tun.

Adoleszenter Achaz
MU 11 **KL** 12 **IN** 13 **CH** 11
FF 12 **GE** 13 **KO** 13 **KK** 11
LeP 31 **AsP** – **KaP** – **INI** 12+1W6
AW 7 **SK** 2 **ZK** 1 **GS** 8
Waffenlos: AT 10 **PA** 6 **TP** 1W6 **RW** kurz
Knüppel: AT 9 **PA** 3 **TP** 1W6+1 **RW** mittel
Stein: FK 11 **LZ** 1 **TP** 1W6 **RW** 2/10/15
RS/BE: 1/0
Vorteile/Nachteile: Begabung (Schwimmen), Dunkelsicht I, Natürlicher Rüstungsschutz I (RS 1) / Eingeschränkter Sinn (Gehör)
Sonderfertigkeiten: Aufmerksamkeit
Talente: Einschüchtern 3, Körperbeherrschung 6, Kraftakt 2, Menschenkenntnis 1, Selbstbeherrschung 5, Sinnesschärfe 5, Willenskraft 4
Kampfverhalten: Ziel der Achaz ist es, den Sieg im *Krrnt* davonzutragen. Ihnen geht es nicht darum, ihre Kontrahenten zu verletzen, sondern vielmehr darum, sie zu behindern und zu verlangsamen, sollte ein Handgemenge ausbrechen.
Flucht: fliehen nicht
Schmerz +1 bei: 23 LeP, 16 LeP, 8 LeP, 5 LeP oder weniger

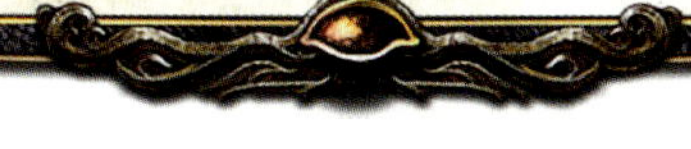

Krrnt
Wie viele Traditionen und Bräuche der H'Zraah stammt das Kampfspiel *Krrnt* noch aus Zeiten der längst vergangenen echsischen Hochkultur. Es handelt sich um ein raues, gefährliches Spiel, das nach menschlichen Maßstäben mehr an eine große Rauferei erinnert als an einen sportlichen Wettkampf. Beteiligt sind jeweils zwei Parteien, von denen jede einen menschlichen Schädel erhält und das Ziel verfolgt, diesen als erste durch einen Parcours zu bringen und auf einem schmalen, etwa fünf Schritt hohen Turm zu platzieren. Die Spieler versuchen daher gleichzeitig, sowohl den eigenen Schädel voranzubringen als auch das Vorankommen des gegnerischen Schädels zu stören.
Start und Endpunkt des Wettstreits befinden sich auf dem Feld am Fuße der großen Pyramide. Die mit Blut markierte Parcoursstrecke führt quer durch die Stadt und zeitweise auch durch das umliegende Dschungel- und Sumpfgebiet. An mehreren Wegstellen wachen Schiedsrichter darüber, dass der vorgesehene Streckenverlauf eingehalten wird und keine verbotenen Taktiken eingesetzt werden. Eventuelles Fehlverhalten wird gewöhnlich mit zeitintensiven Umwegen bestraft, kann aber in schweren Fällen auch zur Disqualifikation eines Teilnehmers und damit zu einer deutlichen Schwächung der eigenen Gruppe führen. Gleichzeitig sind die Regeln vergleichsweise weit gefasst, sodass bis auf die Verwendung von Waffen oder den (erkennbaren) Einsatz von Magie und das absichtliche Töten eines Gegners nahezu alle Vorgehensweisen erlaubt sind. Auch die Nutzung von Stöcken und Steinen als improvisierte Waffen ist gestattet, solange diese entlang der Strecke gefunden werden und es sich nicht um vorgefertigte, bearbeitete Stücke handelt.
Die H'Zraah nutzen *Krrnt* hauptsächlich, um ihre Heranwachsenden abzuhärten und auf den Kampf vorzubereiten. Es kommt jedoch auch vor, dass sich ausgewachsene Achaz im *Krrnt* miteinander messen. Das den menschlichen Gästen die Möglichkeit einer Teilnahme geboten wird, verstehen der König und sein Volk als eine große Ehre, die sie den Warmblütern zuteilwerden lassen.

Der Ablauf des Wettstreits lässt sich mit den nachfolgend beschriebenen Eckpunkten und Hinweisen zum Verhalten der anderen Beteiligten weitgehend frei ausgestalten. Kreative Ideen und Vorgehensweisen deiner Spieler kannst du dabei mit Probenerleichterungen belohnen. Gib ihnen die Genugtuung, ihre Gegner zu überraschen und in die Enge zu treiben, zögere aber auch nicht, die Gegenspieler zu ungewöhnlichen Taktiken greifen zu lassen, welche die Helden unter Druck setzen und die Jagd spannend halten. Die besondere Herausforderung besteht darin, dass die *Rabenkrallen* einerseits ihren geheimen Auftrag erfüllen müssen, andererseits aber nicht offen gegen ihre Gegner losschlagen können und stets den Anschein wahren müssen, sich mit ganzem Einsatz dem Wettstreit zu widmen.

Zum Vorlesen oder Nacherzählen:

Triumphierend tritt die Kr'Thon'Chh-Priesterin Rrim H'Rim auf euch zu und hält euch einen ausgeblichenen Totenschädel entgegen. Es ist nicht der Schädel eines Achaz, sondern der eines Menschen, daran besteht kein Zweifel. Sie fixiert euch mit starrem Blick und zischelt genüsslich: „Krrnt." Mit auffordernder Geste deutet sie auf die vor euch liegende Route, die in regelmäßigen Abständen mit frischem Blut markiert wurde. Dann wendet sie sich der Gruppe der jungen Achaz zu und reicht auch diesen einen menschlichen Schädel. Kaum hat die Priesterin das Wort Krrnt ein zweites Mal ausgesprochen, setzen diese sich bereits in Bewegung. Während zwei von ihnen losstürmen, um den Schädel ins Ziel zu bringen, nähern sich die übrigen eurer Gruppe, wohl in der Absicht, euch am Vorankommen zu hindern. Die Jagd hat begonnen ...

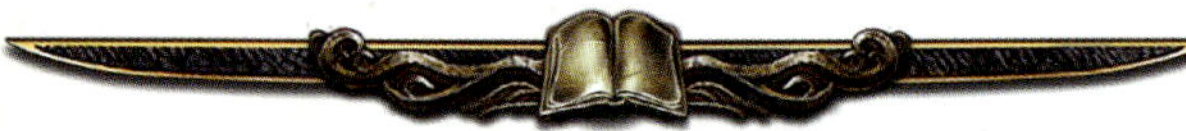

1. Etappe: Am Fuß der Pyramide

Bereits auf dem Startfeld entscheidet sich, welche Gruppe in Führung geht und wie viel Vorsprung diese erringen kann.

Hindernisse und Herausforderungen: Unmittelbare physische Hindernisse gibt es nicht, als Herausforderung dürfte sich jedoch erweisen, dass die Menschen im Gegensatz zur Achaz-Gruppe keine eingespielte Truppe sind, was die Abstimmung einer gemeinsamen, koordinierten Vorgehensweise erschwert. Hinzu kommt, dass die einzelnen Fraktionen innerhalb der menschlichen Gruppe mehr oder weniger verdeckt gegeneinander arbeiten.

Vorgehensweise der Achaz: Die Achaz sind mit dem Spiel und einer Reihe unterschiedlicher Strategien gut vertraut. Allerdings wissen sie nicht genau, über welche Fähigkeiten die Warmblüter verfügen. Daher versuchen sie zunächst, einen Vorsprung zu erringen, in dem sich zwei Spieler mit dem Schädel auf den Weg machen, während die übrigen sich anschicken, das Vorankommen der Menschen zu behindern. Dazu bilden sie einen Halbkreis, der den Warmblütern bzw. deren Schädelträger den Zugang zur Strecke versperrt.

Möglichkeiten, gegen Mariano vorzugehen: Unter den Augen des Königs und der Priester bietet sich wenig Gelegenheit, Mariano oder seine Leibwächter direkt anzugreifen. Allerdings können die Helden die Bedingungen des Wettstreits zu ihren Gunsten nutzen. Werfen sie beispielsweise dem Gesandten den Schädel zu, werden sich die Achaz der konkurrierenden Gruppe vor allem auf ihn stürzen. Auch ein „versehentlicher" Schlag oder Ellbogenstoß während des anfänglichen, unübersichtlichen Gerangels mit den Achaz ist problemlos möglich und wird als Missgeschick akzeptiert. Der Gesandte und seine Leute werden in diesem Fall allerdings nicht zögern, sich bei nächster Gelegenheit zu revanchieren.

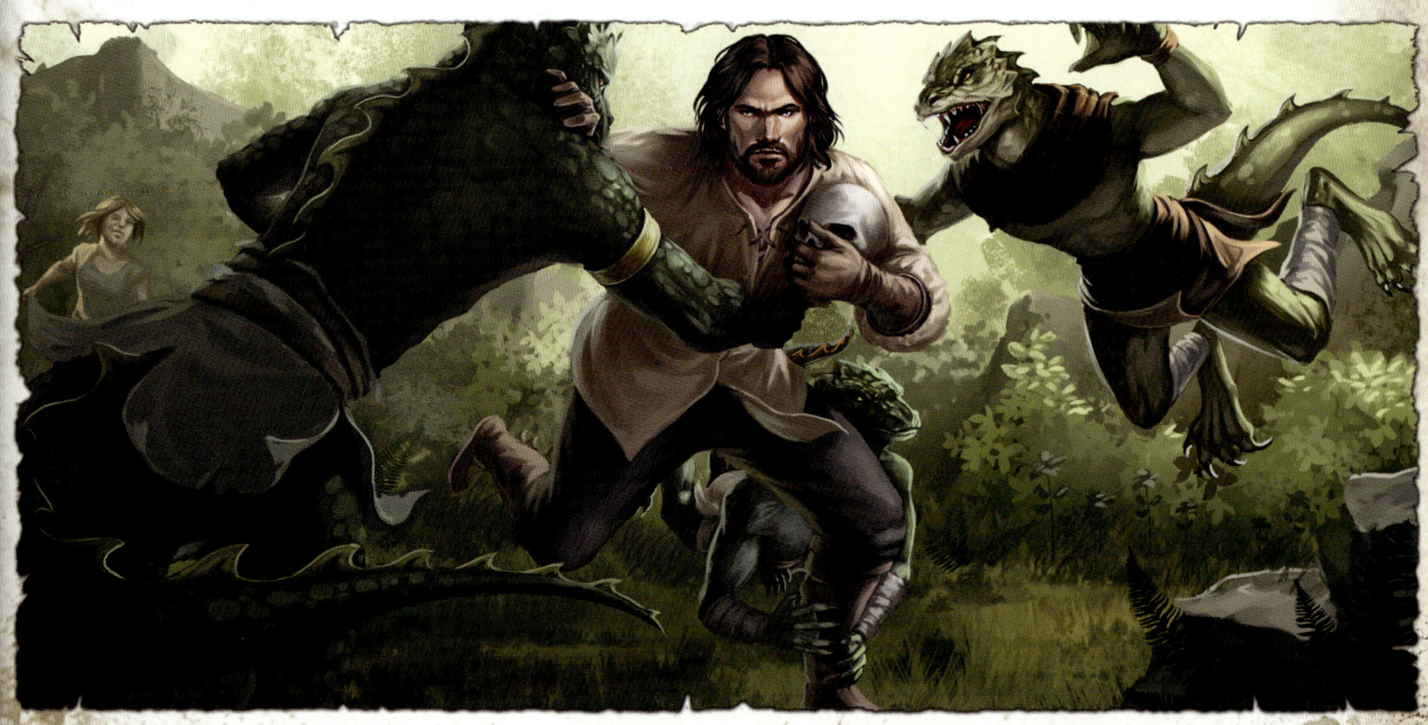

2. Etappe: Durch die Stadt

Vom Startfeld aus führt die Strecke in einem unvorhersehbaren Zickzackkurs durch die Straßen Zraahs, teilweise aber auch durch oder über Gebäude. Der Wettstreit mit den Warmblütern ist für die Bewohner der Stadt ein großes Ereignis, Jung und Alt säumen den Parcours, um zu sehen, wie die jungen Achaz sich gegen die Fremden schlagen.

Hindernisse und Herausforderungen: Zweimal sind Gebäude zu erklettern (Probe auf *Klettern*, bei Misslingen Zeitverlust), einmal führt die Strecke durch ein altes, einsturzgefährdetes Gebäude, das möglichst leichtfüßig durchquert werden muss, um nicht durch beschädigte Bodenplatten in den Keller hinabzustürzen (Probe auf *Körperbeherrschung*, bei Misslingen 1W6 SP und Zeitverlust). Beim Überwinden der Hindernisse, wie auch im Handgemenge mit den Achaz, kann es leicht geschehen, dass die Ohrbedeckungen der Helden verrutschen oder zu Boden fallen. Der Anblick eines unbedeckten Ohrs wird von zusehenden Achaz mit erzürntem Gezischel kommentiert und kann im schlimmsten Fall sogar einen der Priester auf den Plan rufen. Ein solches Missgeschick sollte daher schleunigst behoben werden.

Vorgehensweise der Achaz: Ist es ihnen gelungen, einen Vorsprung zu erringen, versuchen die Achaz, diesen weiter auszubauen. Während sich etwa die Hälfte von ihnen darauf konzentriert, den Träger des Schädels vor eventuellen Angriffen abzuschirmen, versuchen die übrigen, die schnellsten Warmblüter bzw. denjenigen mit dem Schädel durch Rempeleien, Schwanzschläge und ähnliche Attacken auszubremsen.

Möglichkeiten, gegen Mariano vorzugehen: Noch immer sind zu viele Zuschauer anwesend, um offen gegen Mariano vorgehen zu können. Eine gute Gelegenheit bietet die Durchquerung des maroden Gebäudes. Vermutlich kommen die *Rabenkrallen* noch nicht an den Gesandten direkt heran, da dieser von seinen Leibwächtern abgeschirmt wird. Es kann ihnen jedoch gelingen, die Zahl der Wächter zu reduzieren, etwa indem sie einen seiner Begleiter durch ein Loch im Boden stoßen, sodass dieser verlangsamt wird oder sogar verletzt zurückbleiben muss.

3. Etappe: Im Dschungel

Die äußeren Ausläufer der Stadt gehen nahezu fließend in dichten Dschungel über, der Zraah umgibt. Die Strecke führt in einem Rundkurs querfeldein über umgestürzte Urwaldriesen, durch Wasserlöcher und dichte Farne.

Hindernisse und Herausforderungen: Die Sichtweite nimmt rasch ab. Während die Achaz-Teilnehmer mit dem Gebiet gut vertraut sind und sich auf ihren vorzüglichen Geruchssinn verlassen können, müssen die menschlichen Wettkämpfer darauf achten, die blutigen Streckenmarkierungen nicht aus den Augen zu verlieren (Probe auf *Sinnesschärfe*). Die zuvor nur gedämpft wahrnehmbaren Tiergeräusche schwellen an und machen es schwieriger, sich über größere Distanz zu verständigen.

Vorgehensweise der Achaz: Die jungen Achaz sind im Dschungel in ihrem Element. Sie geben den Schädel rasch und häufig untereinander weiter, um ihre Gegner zu verwirren. Einige von ihnen nutzen ihre Ortskenntnis, um Lianen als Stolperseile zu spannen, Fallen zu stellen und in kleinen Trupps Hinterhalte zu legen. Ihr Ziel ist es, den Schädel der Menschengruppe zu erbeuten und im dichten Unterholz zu verstecken. Dabei legen sie es nicht darauf an, die Warmblüter absichtlich schwer zu verletzen, zeigen aber auch keine besondere Rücksicht.

Möglichkeiten, gegen Mariano vorzugehen: Auch auf diesem Teil der Strecke sind in regelmäßigen Abständen Krieger der H'Zraah postiert, die über die Einhaltung der Regeln wachen, diese stehen jedoch zu weit voneinander entfernt, um die gesamte Strecke überblicken zu können. Der Dschungelabschnitt eignet sich daher hervorragend für die *Rabenkrallen*, um unbeobachtet gegen Mariano und seine Leibwächter, aber auch gegen Jorge oder Darias Leute, vorzugehen. Gleichzeitig legen aber auch die Gegner der Helden nun jede Scheu ab und schlagen mit allen zur Verfügung stehenden Mitteln zurück, während gleichzeitig die jugendlichen Achaz, die vermutlich noch nichts von Zwist zwischen den Menschen ahnen, versuchen, diesen das Vorankommen zu erschweren.

4. Etappe: Im Sumpf

Nördlich der Stadt wird der Boden feuchter und der Dschungel geht mehr und mehr in eine Sumpflandschaft mit zahllosen Wasserläufen und Schlammlöchern über.

Hindernisse und Herausforderungen: Zwar verbessert sich auf dieser Etappe die Sichtweite, dafür erweist sich die Beschaffenheit des Bodens als tückisch. So besteht bei jedem Schritt die Gefahr, tiefer als erwartet in den Morast einzusinken, wodurch das Vorankommen mehr Zeit und Kraft kostet. Außerdem erweist sich die Fauna auf diesem Teil der Strecke als deutlich angriffslustiger. Während die Achaz durch ihre Schuppenhaut weitgehend davor geschützt sind, sehen sich die Menschen den Überfällen hungriger Moskitos, Sumpfegel und anderer Kleintiere ausgesetzt. Diese bedeuten zwar keine ernsthafte Gefahr für Leib und Leben, sind aber sehr wohl schmerzhaft und können von der eigentlichen Aufgabe ablenken.

Vorgehensweise der Achaz: Auch auf dieser Etappe kommt den Achaz ihre gute Kenntnis des Gebiets in der näheren Umgebung der Stadt zugute. Sie bewegen sich mit großer Sicherheit durch das Sumpfgebiet und geraten nur selten auf unsicheren Boden. Gleichzeitig versuchen sie, mit ihrem Schädel als Köder die Warmblüter gezielt an gefährliche Stellen zu locken, etwa in Treibsandlöcher oder zu Wasserlöchern mit besonders vielen Egeln. Hatten sie bisher ein leichtes Spiel mit den Menschen, sind sie sehr siegesgewiss. Ihre Selbstüberschätzung kann ihnen zum Verhängnis werden, weil sie ihren eigentlich bereits errungenen Vorsprung nicht ausnutzen, sondern stattdessen versuchen, ihre Überlegenheit zu beweisen und den Warmblütern noch ein weiteres Schnippchen zu schlagen.

Möglichkeiten, gegen Mariano vorzugehen: Die als Schiedsrichter aufgestellten Achaz-Krieger können in diesem Gebiet zwar große Teile der Strecke überblicken, aber bei weitem nicht jede Senke und jedes Sumpfloch einsehen. Den *Rabenkrallen*, aber auch ihren Gegenspielern, bieten sich daher immer wieder Gelegenheiten, für gegenseitige Sabotageakte und schnelle Attacken. Spätestens jetzt dürfte Mariano erkannt haben, wie ernst die Lage ist. Er wird daher alles daransetzen, es zurück in die Stadt zu schaffen und dafür notfalls auch seine verbliebenen Leibwächter opfern. Bietet sich ihm ausreichend Zeit und Gelegenheit, versucht er außerdem, einen oder mehrere der wachenden Achaz-Krieger gegen die Helden aufzubringen, etwa indem er ihnen Regelverstöße vorwirft.

5. Etappe: Endspurt

Nach der Durchquerung des Sumpfes führt der Rundkurs zurück in die Stadt und bis zum Zielfeld vor der großen Pyramide. Dort gilt es einen etwa fünf Schritt hohen Turm zu erklettern, um den Schädel auf dessen Spitze zu platzieren.

Hindernisse und Herausforderungen: Die vorgegebene Route führt durch enge Gassen und Durchgänge, einige von ihnen so schmal, dass nur ein einziger Mensch oder Achaz hindurchpasst. Ein einzelner Kämpfer kann hier eine gesamte Gruppe aufhalten, da es kaum möglich ist, ihn zu umgehen und in seinen Rücken zu gelangen. Das letzte Hindernis ist der kegelförmige Turm, der mit dem Schädel erklettert werden muss (Probe auf *Klettern (Fassadenklettern)* –2).

Vorgehensweise der Achaz: Sobald die große Pyramide in Sicht kommt, steigern die Achaz ihr Tempo und mobilisieren ihre letzten Kräfte. Dabei verfolgen sie in erster Linie das Ziel, ihren Schädel zuerst auf dem Turm zu platzieren. Unter den Blicken der Zuschauer versuchen sie aber gleichzeitig, sich zu beweisen und durch besonders geschickte oder wagemutige Aktionen Ansehen zu erringen. Dadurch ist ihr Zusammenspiel als Gruppe weniger flüssig, zumal einige von ihnen sich zu riskanten und leichtsinnigen Manövern hinreißen lassen, um ihre Altersgenossen und die Erwachsenen zu beeindrucken. Dies können die Helden zu ihrem Vorteil nutzen.

Möglichkeiten, gegen Mariano vorzugehen: Die Zahl der Zuschauer nimmt auf der letzten Etappe wieder zu. Gleichzeitig gewinnt jedoch auch die Auseinandersetzung mit den Achaz noch einmal an Intensität, sodass Missgeschicke wie ein versehentliches Verletzen der eigenen Gruppenmitglieder glaubhafter erscheinen. Gelangt er bis in die Nähe des Zielfeldes, wird Mariano nachlässiger, da er glaubt, vor seinen Verfolgern sicher zu sein. Treiben sie ihn dagegen in die Enge oder versperren ihm den Weg, ruft er lautstark um Hilfe.

Gegenspieler und Verbündete

Nachfolgend findest du einige Hinweise zum Verhalten der anderen menschlichen Teilnehmer des Wettstreits, die für die Helden sowohl Gegner als auch Verbündete sein können. Wenn du den Eindruck gewinnst, dass die Herausforderung für die Spieler zu leicht oder zu schwer ist, kannst du bei den Handlungsweisen der anderen Parteien auch Anpassungen vornehmen.

Mariano erkennt, je nach bisheriger Vorgehensweise der *Rabenkrallen*, möglicherweise erst während des Wettstreits, in welcher Gefahr er schwebt. Nach einem Moment des Erschreckens fasst er sich jedoch schnell und konzentriert sich auf das Wichtigste: die Rettung seines eigenen Lebens. Dafür nimmt er auf Unbeteiligte keine Rücksicht und ist ohne Zögern bereit, seine Leibwächter in Gefahr zu bringen, notfalls sogar zu opfern. Agieren die Helden als Gegner Marianos, lass sie sich ihren Erfolg hart erarbeiten, um die Jagd bis zuletzt spannend zu halten. Es kann ihnen gelingen, seine Begleiter Stück für Stück zu schwächen und aus dem Spiel zu werfen, ihn selbst sollten sie aber erst kurz vor dem Ziel einholen können. Versuchen die Helden dagegen, den Gesandten zu schützen und gegen die Angriffe Jorges und der Kopfgeldjäger zu verteidigen, können Marianos Hang zu Alleingängen und sein Geltungsdrang ihnen zu schaffen machen.

Jorge ist insbesondere durch seine Besessenheit von Perfektion als Gegner wie als Verbündeter gleichermaßen unberechenbar. Zwar plant auch er, den Wettstreit zu nutzen, um Mariano zu töten, doch er ist kaum dazu zu bewegen, dies zu tun, bevor der „richtige Moment" gekommen ist. Bei der Umsetzung seines Plans nimmt er wenig Rücksicht auf seine Umwelt oder eventuelle Kollateralschäden. Stellt sich ihm jemand bei der Inszenierung des perfekten Unfalls in den Weg, reagiert er erbost und lässt sich dann auch leicht zu unbedachten Aktionen verleiten. Je mehr seine Pläne ins Wanken geraten, desto höher ist auch die Wahrscheinlichkeit, dass er einen wahnhaften Schub erfährt und plötzlich krampfhaft beginnt, etwas zu ordnen oder zu putzen. Du kannst ihn als Joker einsetzen, um die Helden entweder durch unerwartete Aktionen zu behindern und aus der Reserve zu locken oder ihnen im entscheidenden Moment Unterstützung zukommen zu lassen, falls das Glück sich gegen sie gewendet hat.

Terlo Barrera und Tá'meri sind ein eingespieltes Team, das sich ohne viele Worte zu verständigen weiß. Sofern sowohl die Helden als auch Jorge Jagd auf Mariano machen, halten sie sich weitestgehend zurück und beschränken sich auf die Beobachterrolle. Den Kampf mit dem Gesandten und seinen Leibwächtern überlassen sie gerne den *Rabenkrallen*. Bietet sich ihnen jedoch eine günstige Gelegenheit, einen einzelnen, geschwächten Helden zu erwischen, zögern sie nicht lange. Gewinnen sie den Eindruck, dass die *Rabenkrallen* versuchen, den Gesandten zu schützen, probieren sie spätestens während der Sumpfetappe, diesen in ein Wasserloch zu treiben und zu ertränken. In diesem Fall werden sie auch offen gegen die *Rabenkrallen* aktiv und nutzen die

Der inszenierte Todesfall

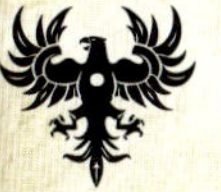

Für Helden, die insgeheim auf Seiten des Horasreiches stehen, bedeutet die Situation eine besonders komplexe Herausforderung. Sofern sie nicht beschließen, dass das Wohl des Adlerthrons den Tod des Gesandten erforderlich macht, müssen sie ihre Kräfte aufteilen, um sich nicht nur gegen die Achaz zu wehren und den Anschein zu erwecken, sich beim *Krrnt*-Wettstreit mit vollem Elan einzusetzen, sondern auch um Marianos Leben zu schützen, während sie gleichzeitig dessen Tod vortäuschen. Dabei sind sie Angriffen von Jorge und Darias Schergen ausgesetzt und müssen zu Beginn auch damit rechnen, dass Hamida dem Gesandten nach dem Leben trachtet.

Welchen Weg die Helden wählen, um den (scheinbaren) Tod des Gesandten zu inszenieren, lässt sich kaum vorhersagen. Entscheidend für ihren Erfolg ist, dass alle anwesenden Zeugen Mariano tatsächlich für tot halten. Zwar kann der Horasier auch versuchen, sich totzustellen, aussichtsreicher ist aber ein Zauber oder ein Gift, das ihn vollkommen leblos erscheinen lässt. Je nachdem, wie lange die Helden ihren Plan schon verfolgen, haben sie möglicherweise auch bereits entsprechende Vorbereitungen getroffen.

Auch Helden, die Al'Anfa gegenüber loyal sind, können sich dafür entscheiden, Marianos Leben zu retten. Sei es aus persönlichen Beweggründen, etwa, weil sie ihn erpressen wollen oder aus moralischen Überlegungen heraus, beispielsweise, weil Hamida sie überzeugt, den Gesandten zu schonen. Im Folgenden gelten für sie dann die gleichen Bedingungen, wie für Helden in horasischen Diensten.

Ist der Wettstreit vorüber, gilt es, den „Toten" möglichst rasch aus der Stadt zu schaffen. Die Achaz legen glücklicherweise keinerlei Wert auf diesen oder ggf. weitere menschliche Leichname, sie fordern sogar von den Warmblütern, diese mit sich fortzunehmen. Auch sehen die Menschen für die Achaz alle sehr ähnlich aus, sodass selbst ein wieder erwachter Mariano in Verkleidung nicht automatisch als der verstorbene Gesandte wiedererkannt werden wird.

weniger übersichtlichen Streckenabschnitte, um gezielt zu zweit über einzelne Helden herzufallen.

Hamida ist, sofern keine nächtliche Aussprache stattgefunden hat, zu Beginn des Wettlaufs noch immer rasend vor Eifersucht und Wut auf Mariano. Sie versucht, das *Krrnt*-Spiel zu nutzen, um näher an ihren ehemaligen Geliebten heranzukommen. Gelingt ihr dies, überzieht sie ihn mit einem Hagel an Beschimpfungen und (harmlosen) Schlägen, im entscheidenden Moment schreckt sie aber theatralisch davor zurück, ihre Mordabsichten in die Tat umsetzen. Stattdessen entschließt sie sich in einer Aufwallung von Liebe, den Treulosen zu schützen, sobald sie erkennt, dass andere ihm ernstlich nach dem Leben trachten.

Ergebnisse und Folgen

Gewinnen die Achaz den Wettstreit, wird die Gruppe von den Bewohnern der Stadt freudig bejubelt (für die Verhältnisse von Zraah ist der Applaus enthusiastisch, nach menschlichen Maßstäben wirkt der Jubel allerdings eher nüchtern). Gelingt es dagegen den Warmblütern, ihren Schädel zuerst im Ziel zu platzieren, wird dies von den Anwesenden mit Verblüffung zur Kenntnis genommen, das Ergebnis aber nicht infrage gestellt. In beiden Fällen dankt König Shsaat'rssah den Menschen, dass sie bereit waren, sich der Herausforderung zu stellen und damit den Bräuchen der H'Zraah Respekt zu zollen.

Sind während des *Krrnt*-Spiels der horasische Gesandte oder weitere Menschen scheinbar versehentlich zu Tode gekommen, äußert der König seine Verwunderung, über die offenkundige Zerbrechlichkeit der Warmblüter. Kam es dagegen zu Todesfällen, die erkennbar keine Unfälle waren, sondern durch aktives Handeln der Menschen – etwa ein von einem Achaz beobachtetes, längeres Handgemenge zwischen mehreren Beteiligten – zustande kamen, verlangt der König eine Erklärung. Die beste Aussicht auf Erfolg hat es in diesem Fall, wenn die Helden zur Begründung auf ihre eigene Kultur und ihre Bräuche verweisen, durchaus auch mit dem Hinweis auf den bestehenden Konflikt zwischen Horasiern und Al'Anfanern. Der König akzeptiert eine entsprechende Erklärung, wenn sie schlüssig vorgetragen wird (Probe auf *Überreden*) und die Helden während des Wettstreits nicht zu heftig gewütet haben. Ebenso toleriert er den Tod teilnehmender Achaz, sofern deren Ableben glaubhaft als unbeabsichtigter Unfall dargestellt werden kann und nicht mehr als zwei von ihnen ihr Leben ließen. Andernfalls entzieht er den Menschen seine Gastfreundschaft. Er verlangt von ihnen, dass Territorium der H'Zraah unverzüglich zu verlassen und niemals zurückzukehren.

Vereinbarungen

Nachdem Mariano ya Strozza tatsächlich oder vermeintlich verstorben ist, haben die *Rabenkrallen* die Möglichkeit, mit König Shsaat'rssah eine Vereinbarung bezüglich der Teerlieferungen zu treffen. So können sie die vom horasischen Gesandten geplanten Transporte entweder komplett verhindern, indem sie den Achaz-Herrscher dazu bewegen, diesen das Durchqueren seines Territoriums zu untersagen, oder sie können organisieren, dass Lieferungen zu einem al'anfanischen Stützpunkt umgeleitet werden und so den Eroberern zugutekommen. Verfolgen die Helden insgeheim die Ziele des Horasreiches, habe sie die Möglichkeit, Marianos ursprünglichen Plan zu vollenden.

Haben die *Rabenkrallen* auch dies erledigt, gibt es nichts mehr, was sie noch in Zraah hält und sie können der Stadt den Rücken kehren. Auch die übrigen Menschen werden das Territorium der Geschuppten spätestens jetzt verlassen. Die H'Zraah erwarten, dass die Warmblüter ihre Toten mitnehmen und außerhalb des Stammesgebietes beisetzen. Sofern Mariano noch lebt, gilt es, diesen möglichst unbemerkt von Menschen und Achaz aus der Stadt herauszubringen.

Der Hinterhalt

Am Rande des Achaz-Territoriums liegen ♜ *Daria* (35, verätztes Gesicht, sadistisch, überheblich, hervorragende Kämpferin und Spurenleserin; Körperbeherrschung 10 (14/14/14), Kraftakt 10 (14/13/13), Selbstbeherrschung 11 (14/14/14), Sinnesschärfe 12 (12/14/14), Willenskraft 9 (14/14/11), SK 2) und ihre Kopfgeldjäger auf der Lauer und erwarten die *Rabenkrallen* bereits, wenn diese das Gebiet der H'Zraah verlassen. Neben Terlo und Tá'meri, die den Heldinnen in Zraah begegnet sind, verfügt Daria noch über fünf weitere Kämpfer, darunter eine Armbrustschützin, eine Alchimistin aus Mengbilla und einen Fährtensucher vom Stamm der Yakosh-Dey.

Sind die *Rabenkrallen* nach den Kämpfen während des Wettstreits bereits stark angeschlagen, kannst du die Kampfkraft von Darias Gruppe reduzieren. Möglicherweise hatten die Kopfgeldjäger einen Zusammenstoß mit einem Jagdtrupp der Keke-Wanaq oder einer Dschungelpatrouille der kem'schen Armee.

Möchtest du die Herausforderung für die Heldinnen erhöhen, kann Darias Alchimist seine Gruppe mit einigen alchimistischen Tinkturen und Gifte ausgestattet haben, die ihre Kampfkraft erhöhen (siehe **Regelwerk** ab Seite **272** und ab Seite **342**).

Ersatz für Daria

Wurde Daria im zweiten Teil der Kampagne von den Heldinnen getötet, ohne dass eine Chance besteht, dass sie ihre Verletzungen hätte überleben können, werden die Kopfgeldjäger in Marvana Zornbrechts Diensten stattdessen von ♟ Alfonso de la Puente (29, massig, brutal, dünner Schnauzbart) angeführt.

Überfall!

Der Angriff erfolgt ohne Vorwarnung, beginnend mit einem Armbrustbolzen, der auf die Heldin abgeschossen wird, die nach Darias Einschätzung die gefährlichste Gegnerin im Nahkampf wäre. Danach stürzen sich die Angreifer auf die *Rabenkrallen* und versuchen, das Überraschungsmoment zu nutzen, um diese auseinanderzutreiben. Befinden sich Hamida oder Jorge noch in Begleitung der Heldinnen, ignorieren die Kopfgeldjäger diese zunächst, da sie diese für weniger gefährlich halten und sie nicht auf der Schwarzen Liste verzeichnet sind, die Marvana Zornbrecht aufgestellt hat.

Ist Mariano ya Strozza noch am Leben und für die Angreifer erkennbar, wird stattdessen er zum Ziel des ersten Schusses. Geht der Bolzen fehl, versucht Daria ihn mit einem Wurfdolch zu erwischen, der mit dem Waffengift Kukris bestrichen ist (siehe **Aventurischer Almanach** Seite **131**). Ohne ein rasches Handeln der Heldinnen stirbt der horasische Gesandte, der bereits durch die Entbehrungen (und eventuelle Verletzungen) der vorangegangenen Tage geschwächt ist, an Ort und Stelle.

Die Kopfgeldjäger sind durch die Aussicht auf eine ansehnliche Belohnung hoch motiviert. Das hindert sie allerdings nicht daran, den Kampf abzubrechen und sich zurückzuziehen, wenn sie erkennen, dass ihr Überfall gescheitert ist und die *Rabenkrallen* die Oberhand gewinnen. Daria hält sich während des Kampfes zunächst im Hintergrund, überlässt die riskanten Aufgaben den anderen und beschränkt sich darauf, deren Vorgehen aus sicherer Entfernung zu lenken. Während sie ohne Zögern bereit ist, das Leben der anderen Kopfgeldjäger zu opfern und deren Hilferufe ignoriert, wenn diese von den Heldinnen in die Enge getrieben werden, versucht sie, ihren eigenen Kopf stets rechtzeitig aus der Schlinge zu ziehen. Sie lässt sich nicht auf ein verlorenes Gefecht ein. Muss sie erkennen, dass sie im Kampf gegen die Heldinnen zu unterliegen droht, versucht sie sich zu retten, indem sie die Flucht ergreif, sich totstellt oder notfalls sogar ergibt und versucht, um ihr Leben zu feilschen.

Die zähe Kopfgeldjägerin soll im weiteren Verlauf der Kampagne erneut als Gegenspielerin der Heldinnen in Erscheinung treten. Daher wäre es ideal, wenn die Heldinnen sie (scheinbar) sterben sehen, aber nicht hundertprozentig sicher sein können, ob sie Daria wirklich zum letzten Mal gesehen haben. Denkbar ist, dass sie in einem Sumpfloch ertrinkt, auf der Flucht von einer fleischfressenden

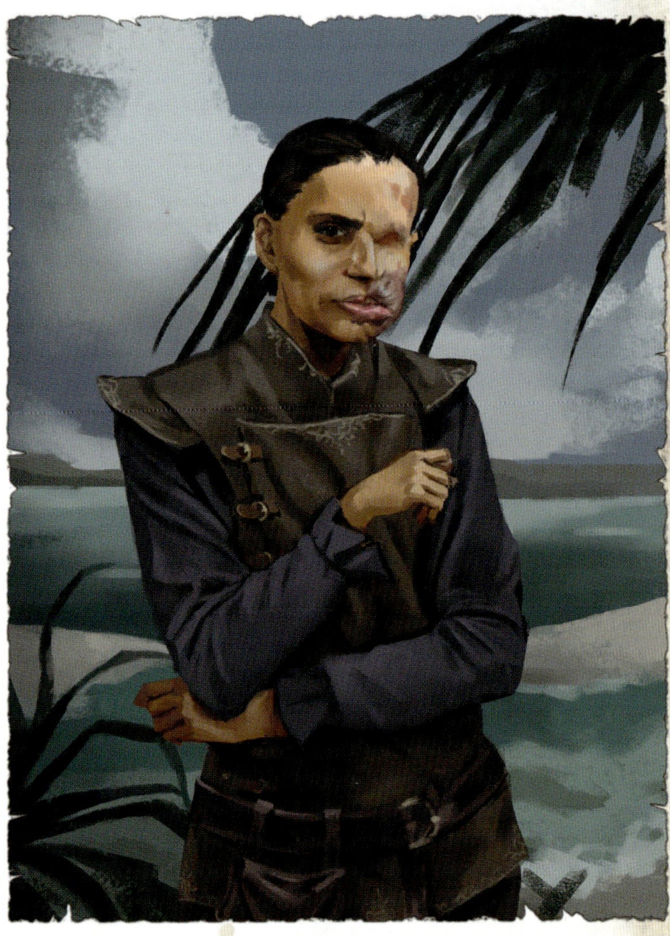

Kopfgeldjäger
MU 14 **KL** 12 **IN** 14 **CH** 11
FF 13 **GE** 14 **KO** 14 **KK** 13
LeP 36 **AsP** – **KaP** – **INI** 14+1W6
AW 7 **SK** 2 **ZK** 2 **GS** 7
Waffenlos: AT 16 **PA** 9 **TP** 1W6 **RW** kurz
Mengbilar: AT 16 **PA** 7 **TP** 1W6+1 **RW** kurz
Sklaventod: AT 16 **PA** 9 **TP** 1W6+4 **RW** mittel
Schwere Armbrust: FK 15 **LZ** 15 **TP** 2W6+6(+Gift*) **RW** 20/100/160
Wurfdolch: FK 15 **LZ** 1 **TP** 1W6+1(+Gift*) **RW** 2/10/15
RS/BE: 3/1 (Lederrüstung) (Modifikatoren durch Rüstungen bereits eingerechnet)
Vorteile/Nachteile: Schlechte Eigenschaft (Goldgier)
Sonderfertigkeiten: Armbrust überdrehen[AKO151] (Schwere Armbrust), Aufmerksamkeit, Finte I (Waffenlos, Mengbilar, Sklaventod), Klinge drehen[AKOII128] (Mengbilar, Sklaventod), Muttersprache Garethi III, Ortskenntnis (Heimatdorf), Wuchtschlag I (Waffenlos, Sklaventod)
Talente: Alchimie 12 (nur Alchimistin), Einschüchtern 10, Fährtensuchern 13, Gassenwissen 12, Handel 8, Körperbeherrschung 10, Kraftakt 10, Menschenkenntnis 12, Selbstbeherrschung 11, Sinnesschärfe 12, Überreden 9, Verbergen 10, Willenskraft 9
Kampfverhalten: Kopfgeldjäger greifen am liebsten mit ihren Fernkampfwaffen aus dem Hinterhalt an und hoffen darauf, ihre Feinde mit Gift auszuschalten.
Flucht: Verlust von 75 % der LeP;
Schmerz +1 bei: 27 LeP, 18 LeP, 9 LeP, 5 LeP oder weniger
Ausrüstung: Alchimistin: Neben den Giften kann die Alchimistin noch Elixiere, etwa Waffenbalsam oder Bannstaub, bei sich tragen.
*) Armbrustbolzen und Mengbilare sind mit Kukris (siehe **Aventurischer Almanach** Seite **131**) vergiftet.

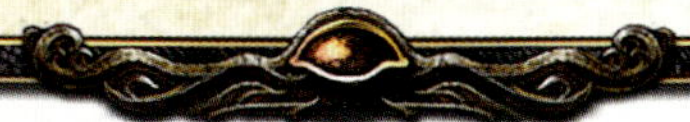

Pflanze verschlungen wird oder von den *Rabenkrallen* tödlich verwundet zurückgelassen wird. Sollten die Heldinnen auf Nummer sicher gehen und ihre Feindin unwiederbringlich töten, wird ihre Rolle in der weiteren Kampagne von einem ihrer Leute übernommen.

Der Kopf des Gesandten

Hat Mariano ya Strozza in Zraah oder bei Darias Hinterhalt den Tod gefunden, stehen die *Rabenkrallen* vor der Entscheidung, wie sie mit seinen sterblichen Überresten verfahren. Den Leichnam durch den Dschungel zu transportieren, ist in Anbetracht des unwegsamen Geländes, eines fehlenden Transportmittels und der in dem feuchten Klima rasch einsetzenden Verwesung nur schwer möglich. Die wahrscheinlichste Option ist daher, dass sie den Leichnam vor Ort bestatten und lediglich den von Oderin du Metuant geforderten Kopf des Gesandten in der für diesen Zweck mitgeführten Mohagoni-Kiste mitnehmen.

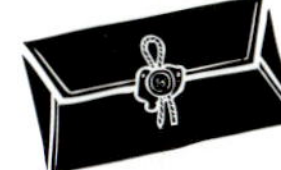

Durchsuchen die Heldinnen Marianos Habseligkeiten können sie darunter den Brief eines seiner Informanten finden. Dieser berichtet dem Gesandten von einem belauschten Gespräch, das darauf hindeutet, dass es innerhalb der al'anfanischen Führungsschicht eine Gruppe gibt, die im Schatten des Krieges ihre eigenen Pläne verfolgt. Der Brief trägt keine Unterschrift und nennt keine Namen, sodass die *Rabenkrallen* wenig Greifbares in der Hand haben. Er mag aber dazu beitragen, dass sie im Folgenden ein wachsames Auge auf ihre Umgebung haben und mögliche Hinweise schneller entdecken. Überlebt Mariano dank der Heldinnen (siehe unten), teilt er sein Wissen freiwillig mit ihnen. Den Kontakt zu seinem Informanten hat er jedoch verloren (dieser hat sich auf der Spurensuche zu weit aus der Deckung gewagt und ist einem nächtlichen Dolch zum Opfer gefallen).

Falsches Spiel

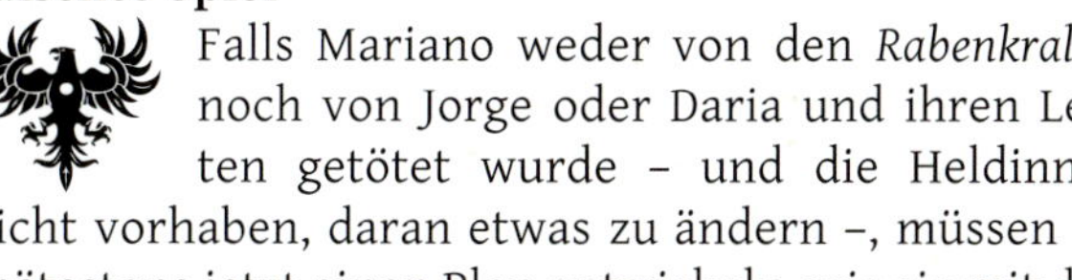

Falls Mariano weder von den *Rabenkrallen* noch von Jorge oder Daria und ihren Leuten getötet wurde – und die Heldinnen nicht vorhaben, daran etwas zu ändern –, müssen sie spätestens jetzt einen Plan entwickeln, wie sie mit dieser Situation umgehen und Oderin täuschen wollen, ohne dabei ihre Tarnung zu gefährden. Immerhin hat der Schwarze General deutlich gemacht, dass er wortwörtlich den Kopf des Gesandten als Beweis für seinen Tod erwartet. Es ist kaum vorhersehbar, für welchen Weg die Heldinnen sich entscheiden, daher sind im Folgenden nur wahrscheinliche Lösungsansätze kurz beschrieben:

- **Es gibt keinen Kopf:** Die Heldinnen können Oderin berichten, dass es ihnen nicht möglich war, den Kopf mitzubringen, etwa, weil die Achaz von Zraah den Körper des Gesandten einbehalten haben, die Leiche im Sumpf versunken ist, verbrannt wurde oder auf andere Weise unwiederbringlich zerstört wurde. Gelingt es ihnen, ihren Befehlshaber von dieser Version zu überzeugen, ist er vermutlich über das Fehlen der Trophäe enttäuscht, sollte den Auftrag aber dennoch als erfüllt ansehen.
- **Ein anderer Kopf:** Möglicherweise steht den Heldinnen ein anderer Kopf zur Verfügung, der dem von Mariano ähnlich sieht. Dies könnte beispielsweise der des Leibwächters und Doppelgängers Yulio sein, sofern dieser in Zraah oder beim Kampf mit Darias Leuten zu Tode gekommen ist. Auch der Schädel eines erschlagenen Kopfgeldjägers könnte

Mengbilar

Name	Kampftechnik	TP	L+S	AT/PA-Mod	RW	Gewicht	Länge	Preis
Mengbilar	Dolche	1W6+1	GE 14	0/–2	kurz	0,5 Stn	25 HF	120 S

hier Verwendung finden. Womöglich ist der Kopf so übel zugerichtet, dass ein Vergleich mit der Zeichnung, die Oderin zur Verfügung hat, ohnehin schwierig ist. Zudem besteht die Möglichkeit, dem Schädel eine nachträgliche Wunde beizubringen, um eine fehlende Ähnlichkeit zu kaschieren. Andererseits mag die Aussicht, den Körper eines Toten derart zu entstellen, insbesondere borongläubige Heldinnen durchaus in einen moralischen Zwiespalt stürzen.

- **Ein anderer Körperteil:** Anstelle des Kopfes könnten die Heldinnen auch ein anderes Stück zurück nach Yleha bringen, das weniger leicht als Fälschung erkennbar ist. Denkbar wäre etwa ein Finger, an dem sich der persönliche Siegelring Marianos befindet. Oderin wird der Sache in diesem Fall zwar möglicherweise nicht hundertprozentig vertrauen, aber solange der echte Mariano verschwunden bleibt und damit als tot gilt, bringt nichts die Geschichte der Heldinnen in Gefahr.

Der Tod oder vorgetäuschte Tod Marianos ist in jedem Fall eine zentrale Voraussetzung, damit die *Rabenkrallen* ihre Tarnung aufrechterhalten können und nicht ihre eigenen Köpfe verlieren. Es ist außerdem die einzige Möglichkeit, zu verhindern, dass der Schwarze General neue Scharfrichter aussendet, um den Gesandten zur Strecke zu bringen. Machen die Heldinnen dies Mariano unmissverständlich klar, verspricht er ihnen, eine andere Identität anzunehmen und das Kemi-Reich unverzüglich zu verlassen.

Nicht minder wichtig ist, dass die Heldinnen ihre Version der Geschichte sorgfältig und bis in die Details hinein miteinander abstimmen, um sich bei einer späteren Befragung durch Oderin und seine Offiziere nicht in Widersprüche zu verwickeln.

Hamidas Schicksal

Sofern Hamida die Geschehnisse in der Stadt der Achaz und den anschließenden Überfall überlebt, trifft sie Marianos Tod schwer. Ungeachtet seiner Treulosigkeit und ihrer ursprünglichen Rachepläne trauert sie nun ehrlich um den Verstorbenen und reist mit gebrochenem Herzen zurück nach Khefu. Sind die *Rabenkrallen* (in ihren Augen) für Marianos Tod verantwortlich, straft sie diese mit eisiger Verachtung und spricht kein Wort mehr mit ihnen.

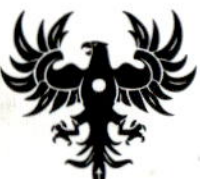

Falls die Heldinnen den Tod des Gesandten nur zum Schein inszeniert haben, empfiehlt es sich, die temperamentvolle Hamida entweder in dem Glauben zu lassen, er sei tatsächlich gestorben oder ihr eindringlich einzuschärfen, dass sein weiteres Überleben davon abhängt, dass sie mit niemandem über ihr Wissen spricht, damit alle Welt auch weiterhin davon überzeugt ist, dass er tot ist. Hamidas Schicksal wird im weiteren Verlauf der Kampagne nicht wieder aufgegriffen.

Jorges Schicksal

Der Meuchler Jorge wird die Geschehnisse in Zraah nur dann überleben, wenn es ihm vor oder während des Wettstreits gelungen ist, eine Übereinkunft mit den *Rabenkrallen* zu treffen. Andernfalls sucht er die Konfrontation, bis es ihm gelungen ist, seinen Auftrag zu erfüllen oder er bei dem Versuch stirbt. Um seinem Auftraggeber den Erfolg seiner Mission beweisen zu können, verlangt er das Hautstück Marianos mit dem markanten Muttermal. Da die Heldinnen ihrerseits lediglich den Kopf des Gesandten benötigen, besteht hier kein Interessenkonflikt.

Jorges Schicksal wird im weiteren Verlauf der Kampagne nicht wieder aufgegriffen. Sollte er das Abenteuer überleben, verliert sich seine Spur in den Wirren des Krieges. Haben die *Rabenkrallen* mit ihm eine Übereinkunft erreicht, sich durch ihr konsequentes Handeln vielleicht sogar seinen professionellen Respekt verdient, bietet sich dir mit dem Meuchler eine makabre Figur, die du auch in späteren Abenteuern noch einmal als Nebenfigur einsetzen kannst, um die Heldinnen in einer Notlage zu unterstützen oder ihnen eine relevante Information zuzuspielen.

Der Rückweg

Von Zraah aus, können die *Rabenkrallen* mit ihrer Beute nach San Torin zurückkehren und von dort mit einem gemieteten oder entwendeten Fischerboot ins etwa 30 Meilen entfernte Kolchis gelangen. Dort erwartet sie bereits Commandante Delazar, der sie mit der *Marbo* zurück nach Yleha bringt. Alternativ können die Heldinnen auch den Landweg nach Kolchis wählen, auf dem sie, solange sie unauffällig vorgehen und abseits der Straßen bleiben, nicht von Spähtrupps der Kemi behelligt werden.

Theoretisch besteht auch die Möglichkeit, von San Torin aus nach Qinsay zu reisen, um dort ein Schiff nach Yleha zu finden. Weil die Heldinnen im ersten und zweiten Teil der Kampagne bereits mit Generalin Zornbrecht aneinandergeraten sind und da sie nicht vollkommen sicher sein können, dass niemand aus Darias Truppe entkommen ist, birgt diese Route jedoch die Gefahr, weiteren Schergen Marvana Zornbrechts in die Arme zu laufen.

Für genug Gold oder wenn die Heldinnen Borono bitten, seine Verbindungen zu nutzen, findet sich in San Torin ein Schmugglerkapitän, der bereit ist, sie bis nach Yleha zu bringen. Aus Sorge, von einer der zahlreichen Schwarzen Galeeren aufgegriffen zu werden, die momentan in der Goldenen Bucht unterwegs sind, segelt das Schmugglerschiff allerdings nur bei Nacht und bleibt stets dicht an der Küste, um notfalls in einer der zahlreichen Flussmündungen Schutz suchen zu können.

Unabhängig davon, für welchen Weg sich die *Rabenkrallen* entscheiden, werden sie Yleha vermutlich spätestens zur Mitte des Hesindemondes erreichen. Die Rückreise sollte ohne größere Zwischenfälle verlaufen und ihnen, spätestens an Bord des Schiffes, die Möglichkeit geben, Atem zu schöpfen und sich von ihren Verletzungen zu erholen.

Rapport

Wenn die Helden Yleha erreichen, werden im dortigen Feldlager bereits Vorbereitungen getroffen, die Zelte abzubrechen und einen großen Teil der dort in Reserve gehaltenen Elitetruppen nach Süden zu verlegen, wo man hofft, die Hauptstreitmacht der Kemi zu einer Entscheidungsschlacht stellen zu können. Auch Oderin du Metuant und sein Offiziersstab sind mit den Marschvorbereitungen beschäftigt, doch der Schwarze General nimmt sich die Zeit, um den Bericht der Helden persönlich entgegenzunehmen. Neben Said Bonareth und Diago Delazar nehmen diesmal auch der Borongeweihte Odilo Kugres-Estrazar und der Magier *Quintilian Kalando-Paligan* (*1007 BF, massige Gestalt, Offiziersuniform der Schwarzen Armada, kurzer Magierstab, scharfer Verstand, zynisch; meisterlicher Magier; Magiekunde 13 (16/16/15), Willenskraft 12 (14/15/15), Zaubertrick Abkühlung, Armatrutz 13 (16/15/11), Balsam Salabunde 12 (16/15/11), Gardianum 14 (14/16/15), Ignifaxius 11 (14/16/15), Respondami 14 (14/15/15), SK 3) an der Besprechung teil.

Können die Helden von einem erfolgreichen Abschluss ihrer Mission berichten, zeigt sich Oderin zufrieden. Er lässt sich den Ablauf der Ereignisse im Detail schildern und lobt die *Rabenkrallen* für ihre Entschlossenheit und ihr geschicktes Vorgehen. Er zollt auch Said Bonareth Anerkennung für die kluge Auswahl seiner Soldaten.

Sofern die Helden den Kopf Marianos bei sich haben, wirft Oderin einen kurzen Blick darauf und befielt dann, diesen am Tor der Festung von Yleha auf eine Lanze zu pflanzen. Immerhin habe der Getötete versucht, den Boronszug und damit einen göttlichen Auftrag zu sabotieren. Die öffentliche Zurschaustellung sei notwendig, um für alle sichtbar zu demonstrieren, dass ein solcher Frevel nicht toleriert wird. Geben die *Rabenkrallen* zu bedenken, dass eine öffentliche Zurschaustellung von der horasischen Seite als Provokation verstanden werden könnte, hört Oderin ihre Einwände an. Führen sie aus, dass die Zurschaustellung des Kopfes auch als Verstoß gegen die boronischen Gebote eines ehrenvollen Umgangs mit dem Körper von Verstorbenen erscheinen könnte, finden sie in Odilo Kugres-Estrazar einen Unterstützer. Können sie gute Argumente vorweisen (Probe auf *Überreden* (*Manipulieren*) –2), lenkt der Schwarze General ein und gestattet, den Schädel Odilo zu übergeben, der für eine angemessene Bestattung Sorge trägt.

Die Täuschung

Haben die Helden entschieden, Mariano ya Strozza am Leben zu lassen, müssen sie nun noch eine letzte Herausforderung meistern: Es gilt, Oderin und seine Offiziere davon zu überzeugen, dass sie den Auftrag wie erwartet ausgeführt haben. Zwar bringt ihnen der Schwarze General aufgrund ihrer bisherigen Verdienste ein grundsätzliches Vertrauen entgegen, dennoch ist es wichtig, dass sie ihre Geschichte genau abgesprochen haben, damit sie sich beim Rapport nicht in Widersprüche verwickeln. Wenn du die Spannung erhöhen willst, kann der Magier Quintilian oder einer der anderen Offiziere darauf bestehen, das von den *Rabenkrallen* überbrachte (gefälschte) Beweisstück einer genaueren Untersuchung zu unterziehen. Können die Helden keine Beweise vorlegen, etwa, wenn sie berichten, dass der Leichnam des Gesandten in einem Sumpfloch versunken oder verbrannt ist, verlangt Oderin eine detailgetreue Beschreibung der Situation, um ihnen auf den Zahn zu fühlen. Sofern sie keine leichtfertigen Fehler machen, sollten die Helden mit ihrem Täuschungsmanöver aber letztlich Erfolg haben.

Ein Versuch, den Schwarzen General auf magische Weise zu täuschen oder gar zu beeinflussen, ist wegen der Anwesenheit des Magiers überaus riskant, kann jedoch gelingen, wenn die Helden sehr sorgfältig planen und eine Möglichkeit finden, Quintilian im richtigen Moment abzulenken.

Versuchen die horasischen Agenten die Gelegenheit zu nutzen, um mehr über die weiteren Pläne Al'Anfas zu erfahren, kannst du ihnen den Erfolg gönnen, einige vertrauliche Informationen aufzuschnappen, die sie bei nächster Gelegenheit an ihre Auftraggeberin weitergeben können. So etwa, dass Oderin von seinen Spähern die Nachricht erhalten hat, dass sich die Hauptstreitmacht der Kemi westlich von Trus sammelt und dass er plant, seine Truppen mit der Streitmacht Prinzessin Rhôndas und verbündeten Kemi-Rebellen aus dem Süden zu vereinen, um den Feind zu einer entscheidenden Schlacht stellen zu können (siehe unten).

Beschuldigungen

Bringen die *Rabenkrallen* den Überfall durch die Kopfgeldjäger zur Sprache, lässt sich Oderin alle Details des Angriffs berichten. Eventuelle Beschuldigungen gegenüber Marvana Zornbrecht hört er sich mit ausdrucksloser Miene an. Er rät den Helden, sich mit offenen Verdächtigungen zurückzuhalten, solange sie für eine Verwicklung der Generalin in die Geschehnisse keine Beweise haben. Tatsächlich wird Marvana, selbst wenn eine Verbindung zwischen ihr und Daria nachgewiesen wurde, jedes Wissen um die Handlungen der Kopfgeldjäger leugnen. Wenn du deinen Helden eine weitere, direkte Konfrontation mit der rachsüchtigen Generalin ermöglichen möchtest, hat sie einen Termin bei Oderin, der unmittelbar im Anschluss an den Rapport der *Rabenkrallen* angesetzt ist, sodass sie ihnen auf den Fluren der Festung begegnet. Je nach Situation kann sich daraus entweder ein stummes Blickduell, geflüsterte Drohungen oder eine handfeste Auseinandersetzung mit Flüchen und fliegenden Fäusten entwickeln, bei der die Streitenden erst durch Said und Odilo, die durch den Lärm alarmiert werden, getrennt werden können.

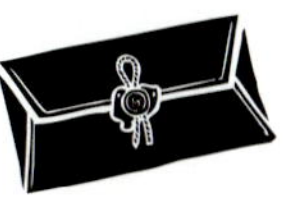

Im wilden Zorn lässt sich Marvana dazu hinreißen, auch gegen Said hasserfüllte Drohungen ausstoßen. Aufmerksamen

Helden kann dies ein Hinweis sein, dass die Generalin auch gegen den Anführer der *Rabenkrallen* einen (verborgenen) Groll hegt. Dieses Wissen kann es ihnen im späteren Verlauf der Kampagne erleichtern, die Zusammenhänge zu erkennen und die Pläne der Verschwörer zu enttarnen.

Ehrungen und Beförderungen

Haben die Helden ihren Auftrag zu Oderins Zufriedenheit erfüllt und den Kopf Marianos oder einen vergleichbaren Beweis ihres Erfolgs nach Yleha gebracht, werden sie von ihm mit dem Jadestern ausgezeichnet, einer der höchsten militärischen Auszeichnungen des Imperiums. Alle *Rabenkrallen*, die noch nicht den Rang Sargento innehaben, werden zudem befördert (die Übersicht zu den militärischen Rängen Al'Anfas findest du im Anhang auf Seite **61**).

Weitaus schwerer mag für die meisten Helden aber wiegen, dass sie sich in den Augen des Schwarzen Generals erneut bewährt haben und dadurch nun in besonderer Weise sein Vertrauen genießen. Dies hat zur Folge, dass er sie auch in Zukunft als geeignete Spezialisten für besonders bedeutsame und delikate Geheimmissionen in Betracht ziehen wird.

Wie geht es weiter?

Nach dem Rapport bei Oderin erhalten die Helden von Said die Anweisung, sich für den Vormarsch nach Süden bereitzuhalten. Alle in Yleha verbliebenen *Rabenkrallen*, darunter auch einige alte Bekannte der Helden, sollen gemeinsam mit dem Schwarzen General und seinen Elitetruppen zum Heer Prinzessin Rhôndas stoßen, die sich dem Ort Mehat nähert. Im vierten Teil der Kampagne, **Die Krallen der Löwin**, erleben die Helden als Teil der Hauptstreitmacht der Eroberer die Schlacht von Mehat, die für den weiteren Verlauf des Krieges von entscheidender Bedeutung ist. Es bleibt diesmal nur wenig Zeit, um sich von den vorangegangenen Strapazen und Kämpfen zu erholen, doch die Helden haben dank Said Bonareth Zugang zu den besten Heilkundigen des al'anfanische Lazaretts, die sich gründlich um eventuelle Verletzungen kümmern.

Der Lohn der Mühen

Für den Marsch durchs Feindesland, die Herausforderungen in Teernberg und San Torin, den Wettstreit mit den Achaz in Zraah und den Kampf mit den Kopfgeldjägern erhalten alle Helden **30 Abenteuerpunkte**. Haben sie sich bei einigen der Herausforderungen besonders geschickt angestellt, kreative Lösungen erdacht, durch ihr Handeln den Tod Unschuldiger verhindert oder beim Kampf gegen eine Übermacht der Feinde besondere Tapferkeit bewiesen, so kannst du zusätzlich bis zu **5 Abenteuerpunkte** pro Held vergeben.

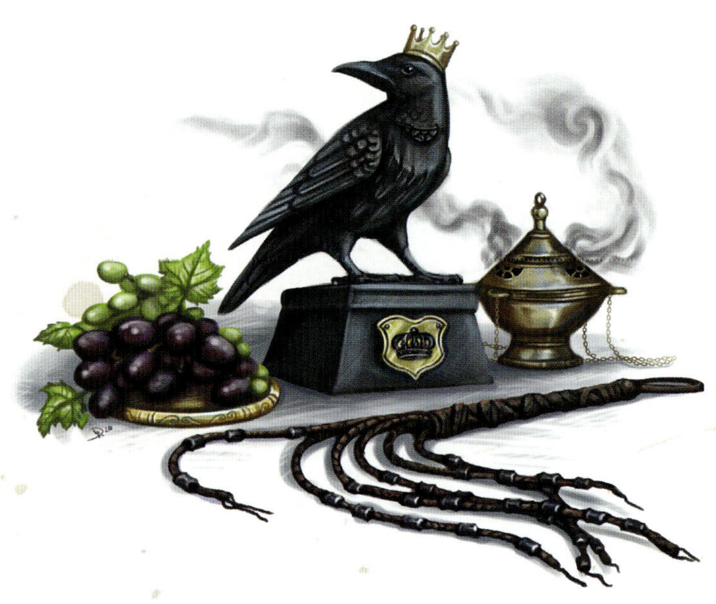

ANHANG

Zeittafel

Die hier genannten Daten sind lediglich Orientierungswerte. Kleinere Abweichungen sind problemlos möglich.

Die jüngere Vergangenheit

- Travia 1042 BF: Die Helden werden für die neu aufgestellte Einheit der *Rabenkrallen* rekrutiert.
- 1. Boron 1042 BF: Der Patriarch verkündet in einer öffentlichen Zeremonie im Hafen den Boronszug und erklärt, dass der Segen des Raben auf dem bevorstehenden Feldzug liegt. Kurz darauf stechen die ersten Schiffe gen Osten in See.
- 2. Boron 1042 BF: Das Geschwader, dem die Helden zugeordnet sind, verlässt den Hafen von Al'Anfa.
- 3. Boron 1042 BF: Die Schwarze Armada sperrt die Straße von Sylla. Gerüchteweise kommt dabei auch ein legendäres magisches Windhorn zum Einsatz.
- 4. Boron 1042 BF: Der Trupp der Helden geht westlich von Qinsay an Land und dringt in der Nacht unbemerkt in die Stadt ein.
- 6. Boron 1042 BF: Im Morgengrauen beginnt mit den nahezu gleichzeitig erfolgenden Angriffen auf Kolchis, Qinsay und Yleha offiziell der Krieg.
- 7. Boron 1042 BF: Die Nachricht von der Invasion erreicht Khefu.
- 8. Boron 1042 BF: Oderin du Metuant verlegt sein Hauptquartier nach Yleha.
- 9. Boron 1042 BF: Von Kolchis aus marschieren Kemi, die Rhônda die Treue halten, verstärkt durch Söldnertruppen, in Richtung Biazzan.
- 10. Boron 1042 BF: Generalin Zornbrecht setzt ihre Truppen in Richtung Trus in Marsch. Die Helden reisen der Streitmacht als Kundschafter voraus.

Militärische Ränge Al'Anfas

Al'anfanische Offiziere tragen, wie im Süden üblich, außergewöhnlich exotische und pompöse Titel, teils mittelreichische, die Kaiser Reto 980 BF abgeschafft hat, wie Admiralissimus und Rittmeister, teils horasische und tulamidische, teils völlig eigenständige wie Gubernator und Regulator. Nicht selten werden neben dem eigentlichen Rang noch weitere, zusätzliche Ehrentitel geführt, mit denen sich die Offiziere von ihren Untergebenen ansprechen lassen. Dies erschwert mitunter selbst innerhalb von Armee und Flotte den Überblick, welcher Offizier welche tatsächlichen Befugnisse besitzt und wer wem vorgesetzt bzw. untergeordnet ist. Zwar ist Oderin du Metuant, seit er die Macht übernommen hat, bemüht, eine einheitliche Titulatur innerhalb der Armee und der Schwarzen Armada durchzusetzen, seine Bemühungen zeigen jedoch nur langsam Fortschritte, da die Inhaber abgeschaffter Titel diese mitunter ungeniert weiterverwenden. Die folgende Aufstellung ist daher keineswegs abschließend und du kannst sie bei Bedarf gerne um kreative eigene Titelschöpfungen erweitern:

- Rekrut/in
- Soldat/in
- Corporal/a (der erste Unteroffiziersrang)
- Sargento/Sargenta
- Ensignio/Ensignia (der erste Offiziersrang)
- Leutnant
- Capitan/a (auch: Hauptmann/Hauptfrau, Rittmeister/in)
- Subcommandante/Subcommandanta
- Commandante/Commandanta (auch: Oberst/Obristin)
- General/Generalin (auch: Stadtmarschall/in, Oberste/r Regulator/in)

Neu rekrutierte Kämpfer beginnen ihre Karriere bei den *Rabenkrallen* als einfache Soldaten, allerdings herrschen innerhalb der Einheit relativ flache Hierarchien, da die Mitglieder meist in kleinen Trupps („Krallen") von ungefähr fünf Köpfen eingesetzt werden. Helden die als Soldaten, Ordenskrieger oder Seekriegsmagier bereits einen Rang in der Streitmacht Al'Anfas besitzen, behalten diesen auch bei den *Rabenkrallen* bei. Granden werden in der Regel, unabhängig von tatsächlicher Eignung und Erfahrung, direkt zu Offizieren ernannt. Auf Grund der geringen Größe der Spezialeinheit erstreckt sich ihre Befehlsgewalt aber maximal auf die Mitglieder ihrer eigenen Kralle.

- 11. Boron 1042 BF: Die Eroberung Menehets gelingt unter hohen Verlusten.
- 14. Boron 1042 BF: Die Helden erreichen Belam.
- 18. Boron 1042 BF: Das Heer kommt in Trus an.
- 19. Boron 1042 BF: Die Schlacht von Trus endet in einem Desaster. Die Helden fliehen durch den Dschungel, um nach Yleha zu gelangen.
- 24. Boron 1042 BF: Die Helden erreichen Fort Salhén.
- 25. Boron 1042 BF: Die Helden kommen in Yleha an und erstatten Oderin Bericht.

Die Ereignisse dieses Abenteuers

- 28. Boron 1042 BF: In Yleha entgeht Oderin du Metuant nur knapp einem Attentat. Mehrere al'anfanische Offiziere kommen bei dem Brandanschlag ums Leben.
- 29. Boron 1042 BF: Die horasische Gesandte Carvaia ya Dergamon trifft in Yleha ein. Oderin beauftragt die Helden, ihm den Kopf von Mariano ya Strozza zu bringen.
- 30. Boron 1042 BF: Die Helden reisen mit der Marbo nach Kolchis. Von dort aus machen sie sich zu Fuß auf den Weg nach Teernberg.
- 2. Hesinde 1042 BF: Nach zweitägigem Marsch durch den Dschungel erreichen die Helden Teernberg.
- 3. Hesinde 1042 BF: Die Helden erreichen San Torin und stellen vor Ort Nachforschungen an.
- 5. Hesinde 1042 BF: Die Helden können Mariano ya Strozza in der Achaz-Stadt Zraah aufspüren.
- 8. Hesinde 1042 BF: Nach erfolgreicher Mission kehren die Helden nach Kolchis zurück und besteigen dort ein Schiff nach Yleha.
- 9. Hesinde 1042 BF: Das Schiff der Helden erreicht Yleha und sie erstatten Oderin Bericht.

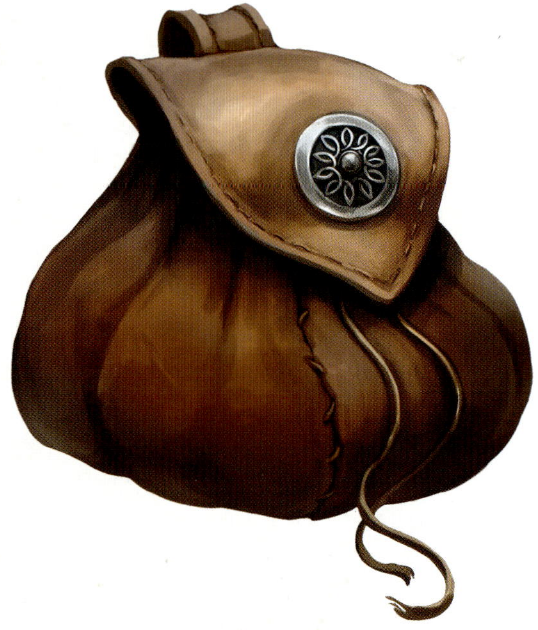

Tabelle Plündergut

Bei der Festlegung, welche Beutestücke den Helden in die Hände fallen, kannst du entweder aus dieser Liste frei auswählen, was dir sinnvoll erscheint, oder die Entscheidung dem Zufall überlassen (W20):

1W20	Plündergut
1	Schatzversteck (z. B. die gesamten Ersparnisse einer Familie oder die Kasse eines Händlers, Wert: 1W20 Dukaten)
2	Große Geldkatze (ein prall gefüllter Beutel mit Münzen im Wert von 1W6 Dukaten)
3	Mittlere Geldkatze (ein Beutel mit Münzen im Wert von 1W20 Silbertaler)
4	Schmale Geldkatze (ein Beutel mit Münzen im Wert von 1W20 Heller)
5	Schmuckstück (z. B. Kette, Ring oder Brosche im Wert von 1W6 Dukaten)
6	Perlen (ein Beutel mit Perlen im Wert von 1W6 Dukaten)
7	Hochwertige Waffe (z. B. Säbel, Haumesser, Streitkolben; Wert: doppelter Listenpreis)
8	Gewöhnliche Waffe (z. B. Säbel, Haumesser, Streitkolben; Wert: Listenpreis)
9	Schäbige Waffe (z. B. Säbel, Haumesser, Streitkolben; Wert: halber Listenpreis)
10	Hochwertiges Kleidungsstück (z. B. Stiefel, Hosen, Hemd, Hut; Wert: doppelter Listenpreis)
11	Gewöhnliches Kleidungsstück (z. B. Stiefel, Hosen, Hemd, Hut; Wert: Listenpreis)
12	Schäbiges Kleidungsstück (z. B. Stiefel, Hosen, Hemd, Hut; Wert: halber Listenpreis)
13	Waldmenschen-Souvenirs (z. B. Schrumpfkopf, Jadestatuette, Lederkette mit Alligatorenzähnen, Musikinstrument)
14	Antiquität aus dem alten Kemi-Reich (z. B. altes Siegel, Tontafel, Rabenstatuette)
15	Tulamidische Souvenirs (z. B. Teegeschirr aus Unauer Porzellan, Flasche aus tulamidischem Glas, Schriftrolle mit den 99 Gesetzen Rastullahs)
16	Heilkräuter (z. B. Donf, Egelschreck, Gulmond, Wirselkraut; siehe **Regelwerk** ab Seite **345**)
17	Gift (z. B. Arax, Kelmon, Wurara; siehe **Regelwerk** Seite **342**)
18	Schmackhaftes Essen (Vorrat für drei Tage)
19	Trinkschlauch mit Wein
20	Flasche mit Schnaps

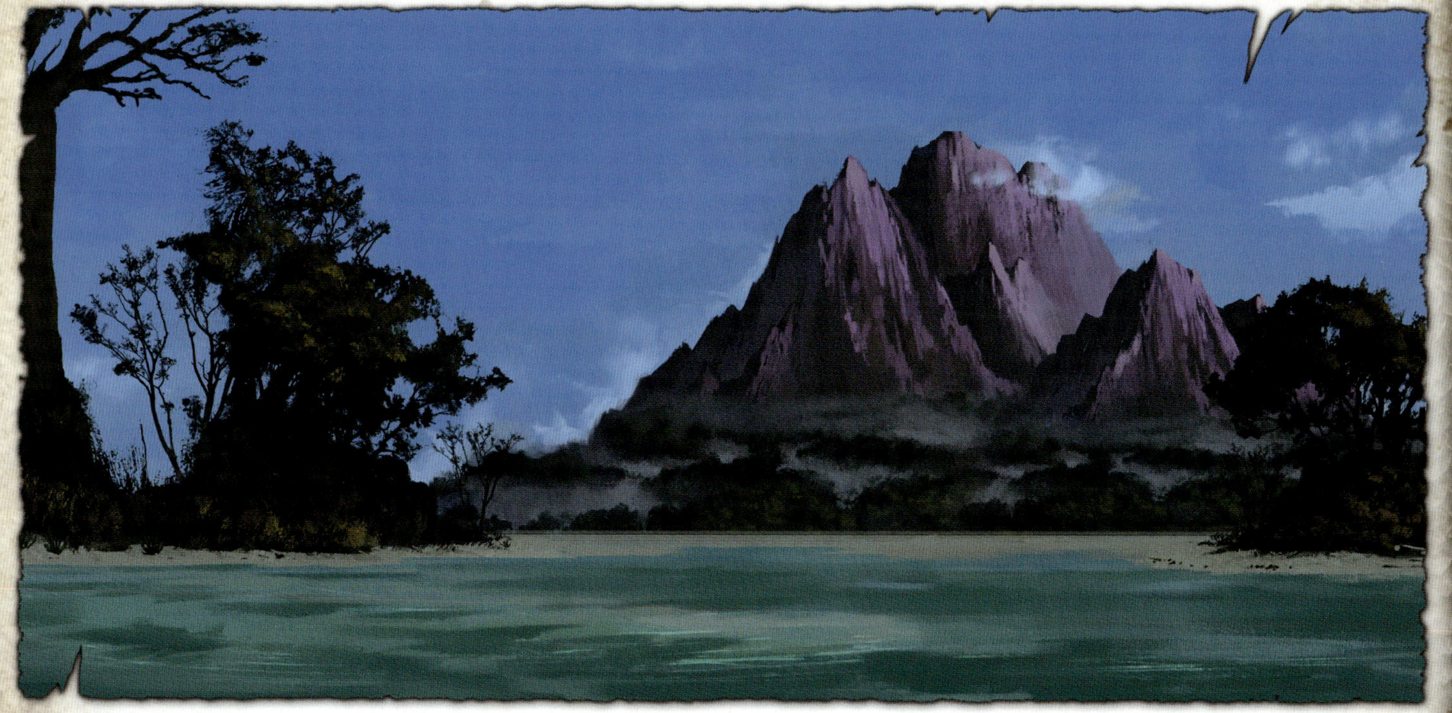

Was sonst noch geschah...

Trus
Nach dem Sieg bei Trus haben sich die loyalistischen Truppen unter Chanya Al'Plâne reorganisiert, verproviantiert und ihren Vormarsch nach Osten fortgesetzt. Durch Marvanas Niederlage treffen die Kemi auf nur wenig Widerstand. Einer kleineren Abteilung unter Quenadya Mes'kha-rê gelingt es sogar, Menehet zurückzuerobern und bis Qinsay vorzudringen, allerdings sind die Kräfte der Kemi zu schwach, um die durch Schiffe und Befestigungen gut gesicherte Stadt einzunehmen. Nachdem die vorrückenden Loyalisten von den al'anfanischen Gräueltaten in Menehet und Qinsay erfahren, kommt es zu Übergriffen auf Kriegsgefangene und Kollaborateure, die nur zögerlich unterbunden werden.

Yleha
Aufständische kem'sche Laguana-Ordensritter erobern Fort Südergardt im Süden der Provinz Yleha. Damit ist die gesamte Provinz nun fest in der Hand Prinzessin Rhôndas. Das gemischte, al'anfanisch-kem'sche Heer sammelt sich in Fort Südergardt und bricht unter der Führung Prinzessin Rhôndas und Alena Karinors nach Süden zur Küste auf, um sich dort mit den aus Khefu und Setepen geflohenen rhôndatreuen Rebellen zu vereinigen.

Djáset
Corvikaner-Äbtissin Dhana Chesaî'ret unterzeichnet mit dem loyalistischen General Rodrigo con ya Sermo einen Waffenstillstand bis zur Beendigung des Boronszuges der Prinzessin Rhônda. Königin Ela erkennt dadurch die corvikanischen Eroberungen des Bürgerkrieges und die religiöse Autonomie der Sekte an. Die in Djáset freigewordenen Verteidigungstruppen brechen in Eilmärschen nach Norden auf, um sich Chanya Al'Plânes Heer anzuschließen.

Inselprovinz
In Re'cha, der Hauptstadt der kem'schen Inselprovinz, normalisiert sich die Lage. Die selbsternannte Gouverneurin der Provinz, Derija Al'Plâne, erklärt die Stadt zu einer Freihandelszone, die für Schiffe aus allen Ländern des aventurischen Derekreises offen sei. Lediglich das „Geschmeiß aus den dunklen Landen" sei nicht erwünscht. Als sei nichts gewesen, verbringt die horasische Karracke *Fürchtenichts* sieben Strafgefangene in das kem'sche Krongefängnis Tashcár.

Kleines Glossar für Kemi und Al'Anfa

Achaz: kulturschaffende Echsenspezies, vor allem im Süden Aventuriens beheimatet

Bireme: Galeere mit zwei Ruderreihen pro Längsseite, hauptsächlich auf den Rammangriff ausgelegt

Boronszug: Kriegszug im Namen des Gottes Boron mit dem Ziel, Frevel am Gott zu rächen

Corvikaner: radikale borongläubige Sekte in Kemi, die Attentate verübt und sich gegen jeglichen Fremdeinfluss in Kemi wendet

DBA: der Geheimdienst des Horasreiches (Directorium für besondere Angelegenheiten)

Don/Donna: Anrede für Granden

Dromone: kleine Galeere mit zwei Ruderreihen pro Längsseite, auf Geschwindigkeit und Beweglichkeit ausgelegt, häufig als Kurierschiff genutzt

Esquirio/Esquiria: ein niederer horasischer Adelstitel ohne zugehöriges Lehen

Fana: freie Bürger des al'anfanischen Imperiums, die keine Sklaven oder Granden sind, vom Bettler bis zum Handelsherrn

Goldene Allianz: Bündnis des Horasreiches, des Königreiches Brabak und des Káhet Ni Kemi zum Schutz der Kolonien vor der Schwarzen Allianz. Einige vormalige Mitglieder wie Ghurenia und Sylla haben die Allianz verlassen oder wurden von Al'Anfa erobert.

Grande/Grandessa: Angehöriger der acht großen Familien Al'Anfas, vergleichbar in Reichtum, Macht und Einfluss mit dem Adel anderer Reiche

Hand Borons: Meuchlergilde aus Al'Anfa, die sich dem Schutz des Patriarchen und der Stadt verschrieben hat; verfügt neben Agenten über zahlreiche Zuträger und Informanten; neben Auftragsmord gehören auch Spionage und Sabotage zu ihrem breitgefächerten Portfolio

Hylailer Feuer: alchimistisch hergestelltes Brandöl, das eine klebrige Konsistenz besitzt und nicht mit Wasser gelöscht werden kann

H'Zraah: traditionsbewusster Achaz-Stamm, der den Dschungel südlich von San Torin kontrolliert

Káhet Ni Kemi: kem'sche Bezeichnung für das Königreich der Kemi

Keke-Wanaq: ein halbnomadischer Waldmenschenstamm, der selbst den anderen Stämmen als unheimlich gilt

Kem'scher Ritus: Der kem'sche Boronkult ist dem al'anfanischen Ritus sehr ähnlich. Beide postulieren Boron als Götterfürsten und verehren den Heiligen Nemekath. Im Gegensatz zum al'anfanischen Ritus legen die Kemi viel Wert auf die Tugenden der Askese und Demut und sehen Selbsttötungen weitaus restriktiver.

Khefu: Hauptstadt des Kemi-Reiches

Krrnt: Traditionelles Kampfspiel der Achaz

Laguana: Klosterinsel vor der Küste Kemis, gilt den Kemi als heiligster Ort Deres

Meridiana: historischer Name des Vizekönigreiches, aus dem das Imperium von Al'Anfa hervorgegangen ist; mittlerweile Bezeichnung für den gesamten Tiefen Süden des Kontinents Aventurien

Mirhamionette: Gliederpuppe, die mithilfe von Fäden bewegt werden kann, benannt nach der Stadt Mirham, deren Herrscher insbesondere für ihre Fremdbestimmtheit bekannt sind

Mohagoni: rotbraun schimmerndes Edelholz, das im Regenwald wächst

Nisut: Königinnentitel in Kemi

Procurator: offizieller Titel des Schwarzen Generals Oderin du Metuant

Rabenkrallen: Zu Beginn des Rabenkriegs neu aufgestellte militärische Spezialeinheit, offiziell ein Teil der al'anfanischen Fremdenlegion

Schivone: modernes Segelschiff mit drei oder vier Masten

Schwarze Armada: Hochseeflotte des al'anfanischen Imperiums, umfasst mehr als 120 Schiffe

Schwarze Perle: anderer Name für die Stadt Al'Anfa

Schwarzer Bund des Kor: unabhängige Söldnertruppe mit Sitz in Al'Anfa, die häufig im Dienst des al'anfanischen Imperiums steht

Schwarzer General: inoffzieller Titel Oderin du Metuants

Silberberg: am höchsten gelegener, stark bewachter Stadtteil Al'Anfas, in dem sich die Residenzen der wohlhabenden Granden und der Tempelkomplex des Boron befinden

Trahelien: Bezeichnung für die meridianische Region zwischen Mysobien und der Syllanischen Halbinsel

Schwarze Allianz: Bündnis einiger südlicher Städte und Staaten unter der Führung des al'anfanischen Imperiums, auch als Rabenpakt bekannt; geschlossen 955 BF zur gegenseitigen Unterstützung und zur Ausweitung des Einflusses auf andere Gebiete

Trireme: große Kriegsgaleere mit drei Ruderreihen pro Längsseite, die mit Rammsporn und Geschützen ausgestattet ist